LES
AVEUGLES
EN FRANCE

PAR

Marcel BLOCH

DOCTEUR EN DROIT

PARIS

LIBRAIRIE ARTHUR ROUSSEAU

ROUSSEAU ET C⁰

ÉDITEURS

14, RUE SOUFFLOT ET RUE TOULLIER, 13

1917

Imp. J. Thevenot, Saint-Dizier (Haute-Marne).

LES
AVEUGLES
EN FRANCE

LES
AVEUGLES
EN FRANCE

PAR

Marcel BLOCH

DOCTEUR EN DROIT

PARIS

LIBRAIRIE ARTHUR ROUSSEAU

ROUSSEAU ET Cⁱᵉ

ÉDITEURS

14, RUE SOUFFLOT ET RUE TOULLIER, 13

1917

AUX AVEUGLES DE FRANCE

ET A LEURS AMIS

———

Quand il s'est agi de faire notre thèse, bien des sujets d'ordre juridique ou économique, parfois de poignante actualité, se sont présentés à notre esprit. Si nous les en avons écartés tour à tour pour consacrer ce travail aux questions intéressant les aveugles, ce n'est certes pas qu'ils nous aient paru dénués d'intérêt ou que des difficultés particulières nous aient rebuté. Mais il nous a semblé que le premier effort sérieux de l'homme qui entre dans la vie devait tendre à exprimer avec ardeur et sincérité, voire même à réaliser ses idées, et être exercé dans le champ de sa compétence, en vue de rendre quelques services. Etant comme tant d'autres privé de la vue, mais dégagé de la plupart des entraves de la cécité, la commune infortune, notre conscience et notre cœur nous ont amenés à dresser un tableau de la situation des aveugles français. Elle est mauvaise en général. Le malheur est trop souvent le lot de ceux dont nous plaidons la cause et malgré des signes trompeurs on ne les connaît pas. Ou l'on détourne les yeux avec effroi du spectacle de leur infirmité, de leurs visages mornes et inexpressifs, ou leurs actions paraissent si extraordinaires qu'on a tendance à exagérer leur adresse, leur intelligence ou leur gaucherie. Au lieu de déplorer le fait que certaines manifestations leur sont inaccessibles, de qualifier de « merveilleux » ou de « ridicule » leur moindre geste, au lieu de les cingler de pitié déprimante, il faut les connaître et les aimer, les encourager et guider leurs pas dans les rudes chemins de la vie qu'ils doivent parcourir, faciliter leur tâche et étudier soigneusement leurs moyens et leurs possibilités. Les aveugles ne sont pas tous mendiants ou poètes.

Les riches ne vivent pas tous oisifs et choyés comme oiseaux dans leur cage dorée. Les pauvres ne sont pas inéluctablement condamnés à végéter au fond de quelque hospice ou à tendre la main, et leur existence n'est pas forcément terne et douloureuse. Beaucoup sont soumis à la bienfaisante, universelle et nécessaire loi du travail. Les aveugles souffrent-ils de ne pas voir ? Non. Ils souffrent de la « dépendance » qui fait pleurer et mourir. Les aveugles sont des opprimés par la nuit qui les enveloppe. Ils savent la valeur de la liberté pour l'obtention ou la défense de laquelle il est doux de combattre et répandre un sang généreux. Mais s'ils secouent le joug qui les accable, ces « esclaves » peuvent devenir des citoyens utiles et libres, goûter aux joies fécondes issues de la sensibilité, vivre heureux. Seuls, ils en sont incapables. Mais les pouvoirs publics et l'opinion ont des obligations impérieuses envers eux. Ils peuvent, s'ils résolvent les problèmes relatifs aux aveugles, d'abord les soustraire à la misère morale et matérielle, à l'injustice et au vice, ensuite tirer parti de leurs possibilités, en faire quand même des unités économiques appréciables, des valeurs sociales. La France a besoin de bras, voilà des bras. Mais il faut les armer. Il ne faut pas verser des larmes sur le triste sort des aveugles. Mieux vaut le rendre supportable. Avant la guerre, ils étaient plus de trente mille disséminés sur tout le territoire. A leur foule sont venus s'ajouter récemment plusieurs milliers de nos soldats magnifiques qui ont perdu leurs yeux au service de la patrie et du droit violé. Pour ces derniers on a beaucoup fait. Pour tous, il faut faire plus encore. L'argent et le dévouement sont « nécessaires », mais pour aboutir il faut savoir, savoir « ce qui est », « ce qui peut être », tracer un plan et « agir ».

Notre désir instant, c'est que ce modeste travail apporte quelque lumière sur la situation des aveugles en France et qu'un peu de bien en résulte.

INTRODUCTION

Avec M. Guilbeau nous distinguons trois périodes dans l'histoire de l'aveugle :

1° Jusqu'en 1784, celle des légendes, des souffrances aiguës, des tâtonnements individuels ;

2° Jusqu'en 1880 environ, celle des créations et des applications ;

3° Celle des développements logiques, la nôtre.

L'étude attentive de ces trois périodes serait intéressante, mais elle serait plus du domaine historique et littéraire que du domaine sociologique. Notre but est d'arriver à notre époque, après avoir brièvement marqué les espaces parcourus et fait apparaître les conséquences de l'évolution nécessaire et inéluctable.

1° Ignorants, inutiles, oisifs, objet de pitié et parfois de respect, les aveugles, à moins qu'ils ne fussent riches ou exceptionnellement habiles, vivaient de mendicité. Ils traînaient leurs pas hésitants, leurs haillons et leurs yeux morts à travers villes et villages, s'arrêtant sur les places ou sous le porche d'une église, chantant et tendant la main aux passants et aux fidèles qui leur donnaient quelques deniers comme si ce fût pour ceux-ci un droit de compter sur ces ressources, pour ceux-là une obligation de les leur fournir. Ils constituèrent parfois de curieuses corporations auxquelles il nous arrivera de faire allusion. Des hospices leur furent attribués et certains d'entre eux, les Quinze-Vingts, furent, de tout temps, privilégiés. Prisonniers du malheur, ils ne subsistaient que grâce aux libéralités du roi, des moines et du passant. Ils étaient ignorants des lois et des fécondes joies du travail. Leur âme était fermée à toute beauté comme leurs yeux à la lumière. Ils étaient des hommes incomplets et malheureux, des mendiants aveugles.

En 1749 Diderot publia sa *Lettre sur les aveugles* (1). Il fit connaître leur triste sort et leur psychologie. Elle fut lue et passionnément commentée. Puis, Valentin Haüy eut conscience de la misère des aveugles le jour où entrant dans une baraque de foire, il en vit quelques-uns grossièrement affublés, les yeux chaussés de lunettes sans verre et les Parisiens les entourant comme des bêtes curieuses et riant de leurs grimaces, de leur laideur, de leur maladresse, de leur profond malheur. Alors il mit son temps, sa belle intelligence et sa fortune au service des pauvres aveugles qu'il voulut libérer de cette infâme exploitation. Le grand philanthrope inventa un système d'écriture en relief que bientôt on parvint à imprimer et fonda la première école d'aveugles du monde. Il obtint le concours de Louis XVI,

____

(1) Consulter la *Lettre sur les aveugles* de Diderot.

puis celui de la Constituante qui nationalisa son œuvre. Une ère nouvelle commençait. Un peu de lumière pénétrait dans le cerveau des emmurés.

2° Commence alors la phase des recherches, des expériences, des inventions admirables, la phase de libération intellectuelle des aveugles.

En 1829, Louis Braille, aveugle lui-même et professeur à l'Institution royale, laboratoire de « tout » ce qui s'est fait en faveur de ceux qui ont les yeux fermés, réalisait le procédé grâce auquel ils peuvent communiquer et recevoir les idées, connaître le génie des livres. Puis ce furent des réformes nombreuses, des adaptations utiles, les débuts des brossiers, des chaisiers, des accordeurs aveugles.

3° Rien ne caractérise cette période comme une sensationnelle découverte. Grâce à Valentin Haüy, à Barbier, à Braille, aux professeurs de l'Institution nationale des jeunes aveugles, grâce aux chercheurs et à des hommes de cœur et d'intelligence, les aveugles disposent de moyens sérieux et de toute nature qui leur permettent de lire, écrire, travailler et vivre. De nouveaux métiers se sont ajoutés aux anciens, les pouvoirs publics, les associations et les particuliers s'efforcent d'améliorer leur sort. Souhaitons que cette période soit celle de la libération matérielle des aveugles.

CHAPITRE PREMIER

LA CÉCITÉ EN FRANCE

Notions préliminaires.

Le nombre des aveugles français. — L'importance d'un problème est proportionnée au nombre d'individus qu'il intéresse. Or, on ignore généralement le nombre des aveugles. Nous voulons croire que connu, il provoquerait en leur faveur la sympathie efficace de tous ceux qui ont reçu pouvoir ou mission d'agir. Trois statistiques en ont été dressées en 1876, 1883 et 1901.

Statistiques du nombre des aveugles en France dressées en 1876, 1883 et 1901 par les soins du ministère de l'Intérieur.

Départements	1876	1883	1901
Ain	270	268	216
Aisne	488	407	390
Allier	188	192	209
Alpes (Basses-)	119	167	96
Alpes (Hautes-)	127	177	90
Alpes-Maritimes	99	220	229
Ardèche	355	386	220
Ardennes	296	251	98
Ariège	231	262	213
Aube	160	247	197
Aude	322	442	296
Aveyron	308	406	267
Bouches-du-Rhône	410	591	622

Départements	1876	1883	1901
Calvados.	416	652	553
Cantal.	216	241	145
Charente.	261	333	226
Charente-Inférieure.	277	377	390
Cher	212	163	190
Corrèze	235	224	208
Corse.	462	616	490
Côtes-d'Or.	326	337	306
Côtes-du-Nord	583	701	601
Creuse.	154	198	76
Dordogne	321	302	252
Doubs.	227	201	203
Drôme.	238	242	207
Eure.	386	448	382
Eure-et-Loir	313	273	235
Finistère.	527	746	514
Gard	502	501	311
Garonne (Haute-).	214	540	485
Gers.	236	286	182
Gironde.	384	319	422
Hérault	636	683	477
Ille-et-Vilaine.	356	365	302
Indre	180	203	153
Indre-et-Loire	210	224	170
Isère	431	424	297
Jura.	215	237	164
Landes	140	173	162
Loir-et-Cher.	198	166	140
Loire (Haute-)	254	306	175
Loire	353	416	332
Loire-Inférieure	331	401	364
Loiret.	256	266	194
Lot	251	269	201
Lot-et-Garonne.	342	232	300
Lozère.	151	153	108
Maine-et-Loire	272	320	330
Manche.	521	624	533
Marne.	305	271	258
Marne (Haute-).	195	289	159
Mayenne.	280	218	164

Départements	1876	1883	1901
Meurthe-et-Moselle	395	352	362
Meuse	258	223	151
Morbihan	348	507	490
Nièvre	235	250	206
Nord	1151	1270	1107
Oise	381	356	279
Orne	414	382	302
Pas-de-Calais	676	779	610
Puy-de-Dôme	449	458	316
Pyrénées (Basses-)	186	315	313
Pyrénées (Hautes-)	164	277	223
Pyrénées-Orientales	338	271	166
Rhin (Haut-), Belfort	32	48	31
Rhône	268	383	503
Saône (Haute-)	291	267	191
Saône-et-Loire	393	358	267
Sarthe	349	324	266
Savoie	247	238	214
Savoie (Haute-)	219	218	161
Seine	1320	2141	2709
Seine-Inférieure	544	595	641
Seine-et-Marne	275	244	222
Seine-et-Oise	379	397	314
Sèvres (Deux-)	203	202	205
Somme	491	500	442
Tarn	304	341	233
Tarn-et-Garonne	309	330	193
Var	294	302	258
Vaucluse	262	264	183
Vendée	332	244	203
Vienne	179	168	188
Vienne (Haute-)	156	180	200
Vosges	379	310	289
Yonne	334	305	232

En somme, le nombre total des aveugles était en France, en 1876, de 28.494 pour une population de 36.830.000 habitants ; en 1883, de 32.056 pour une population d'environ 38.000.000 d'habitants ; en 1901, de 27.174 pour une population de 38.900.000 habitants. Faut-il logiquement en déduire que le nombre des aveugles qui avait augmenté dans de notables proportions de 1876 à 1883 aurait décru de 1883 à 1901 ? Nous ne le pensons pas, car les chiffres donnés par les deux plus récentes statistiques sans être exacts sont plus approchés de la réalité que ceux fournis par la statistique de 1876 qui doivent être acceptés sous toutes réserves. Nous pouvons admettre la sensible diminution du nombre des Français privés de la vue que l'on constate en 1901 par rapport aux précédentes évaluations. L'application mieux faite des règles prophylactiques, notamment en ce qui concerne la prévention de l'ophtalmie purulente des nouveau-nés (1), en est la raison principale. Cependant, M. le Dr Trousseau a de bons motifs d'écrire (2) que nous ne posséderons de statistiques parfaites, en France, que lorsque le maire aura compté les aveugles de sa commune, aura fait remplir par les parents un questionnaire très complet et par un ophtalmologiste une feuille d'examen bien ordonnée, le tout devant être dépouillé finalement par une commission compétente.

(1) Le nombre des cas de cécité provoqué par l'ophtalmie purulente des nouveau-nés diminue là où les règles prophylactiques se répandent. On peut constater par exemple qu'ils sont encore aujourd'hui plus fréquents à la campagne qu'à la ville. La Corse est le département où l'ophtalmie fait le plus de victimes.

(2) *Rapport sur la cécité et les aveugles en France* (Congrès de 1902, par M. Trousseau. G. Steinheil, Paris, 1902), p. 3.

En effet (1), un certain nombre d'individus atteints de cécité échappent au recensement : 1° les aveugles indépendants ; 2° ceux dont les parents ont intérêt à cacher l'infirmité (honte, amour-propre). Quelques-uns figurent deux fois sur les listes d'abord dans leur commune, ensuite dans celle où ils font leurs études ou sont hospitalisés. D'autres mi-voyants ou borgnes ont été comptés comme aveugles. Nous sommes ainsi amenés à définir la cécité.

Définition de la cécité. — C'est un état morbide congénital ou acquis constitué par l'absence ou l'insuffisance définitive de la vision (2). Est aveugle tout sujet qui ne peut s'orienter et travailler avec ses yeux. Les oculistes admettent généralement qu'un individu qui a moins d'un dixième de la vision normale est atteint de cécité.

Epoque de la cécité. — D'après la statistique de 1901 il y avait : 800 aveugles de 0 à 9 ans ; 1.548 de 10 à 19 ans ; 1.464 de 20 à 29 ans ; 1.727 de 30 à 39 ans ; 2.391 de 40 à 49 ans ; 3.540 de 50 à 59 ans et 15.502 de 60 ans et plus. 202 sont d'âge inconnu, soit 27.174 aveugles.

Il résulte de ce qui précède que la cécité survient surtout entre 0 et 1 an et entre 30 et 60 ans.

En somme, si aux 27.174 aveugles recensés en 1901

______

(1) *Rapport sur la cécité et les aveugles en France*, par MM. Trousseau et Truc, Le Valentin Haüy, juillet et août 1908.

(2) Professeur Truc, *Les aveugles de guerre*, 1916.

(et cette évaluation pour les raisons précédemment indiquées peut être considérée comme inférieure à la réalité) on ajoute environ 3.000 aveugles de guerre (1), nous pouvons affirmer que la question des aveugles en France intéresse plus de 30.000 individus (2).

Causes de la cécité. — Le Dr Trousseau, après avoir étudié 3.763 cas, a groupé en douze catégories les causes de cécité.

Il a fait suivre chaque catégorie de proportions qui sans être certaines présentent à son avis des probabilités sérieuses.

1° Maladies du nerf optique . . . . 21 o/o
2° Glaucome . . . . 19 »
3° Maladies de l'iris et de la choroïde . . . . 13 »
4° Maladies de la conjonctive. . . . . 11 »
5° Maladies de la cornée . . . . 8 »
6° Maladies congénitales . . . . 6 »
7° Maladies de la rétine . . . . 6 »

(1) Ce chiffre est celui produit à la suite de recherches faites dans les hôpitaux et les écoles de rééducation tant par le service de santé que par M. Eugène Brieux de l'Académie française, l'éminent et actif ami des soldats aveugles. Mais il ne doit être accepté que sous réserves, un certain nombre de blessés aux yeux ayant échappé aux investigations des statisticiens et d'autres, dont le degré de vision était à peine supérieur à celui généralement admis pour les aveugles, n'ayant pas été comptés parmi eux. De plus, il est à craindre que de nombreux cas de cécité se produisent à la suite de la perte d'un seul œil.

(2) Il y a en Algérie plus de 6.000 aveugles connus. D'après M. Guilbeau en son livre *Histoire de l'Institution nationale des jeunes aveugles*, Belin frères, Paris, 1907, il y aurait actuellement environ 300.000 aveugles en Europe. Ils seraient très nombreux en Afrique où dans certaines régions, au Soudan par exemple, ils circulent par bandes.

8° Traumatismes . . . .   3 » (1)
9° Maladies générales . . . .   3 »
10° Maladies du globe. . . . .   2 »
11° Ophtalmie sympathique. . . . .   1 »
12° Maladies du cristallin 0.007

Le climat, la constitution géologique et la situation
géographique n'ont pas d'influence (ou n'ont qu'une influence très faible) sur la cécité. Mais ce qui apparaît
comme certain, si on examine attentivement la proportion d'aveugles par département, c'est que leur nombre
varie avec la propension plus ou moins grande des habitants à l'alcoolisme, leur observation des règles de
l'hygiène, la facilité des déplacements et à se faire donner des soins médicaux, enfin la situation agricole ou
industrielle d'un pays. Ce ne sont pas là des facteurs
constants, mais ils sont à considérer.

La syphilis qui provoque tant d'atrophies du nerf, optique, de névrites, d'irido-choroïdo-rétinites, et l'alcoolisme, générateur de l'artério-sclérose, de bon nombre
de glaucomes, d'affections du nerf optique, collabora-
teur actif de nombreuses diathèses nocives, sont peut-
être les plus sûrs et terribles agents de la cécité. N'y a-
t-il pas là de bonnes raisons, après tant d'autres, de
combattre ces deux fléaux qui brûlent, influent, infec-
tent, paralysent et tuent une race ?

______

(1) Si une statistique des causes de la cécité était dressée maintenant, le pourcentage de la cécité traumatique serait considérablement augmenté à cause des blessés aux yeux de la grande guerre.

On sait quels résultats remarquables on a obtenu aux cliniques ophtalmologiques des Quinze-Vingts à Paris et à Lausanne notamment, mais en général dans tous les centres où fonctionne un service ophtalmologique complet pour prévenir la cécité. Quand verrons-nous complètement disparues les pratiques ignorantes, par conséquent criminelles, qui trop souvent se substituent aux soins éclairés des médecins? Il faut répandre dans le peuple des villes et des campagnes les notices du type de celle qu'a publié, l'Association Valentin Haüy, insérée notamment dans un certain nombre de mairies dans le livret de mariage, notice dont le titre est un commandement : « Conseils aux mères qui ne veulent pas que leur enfant perde la vue. » Ainsi seulement pourra-t-on espérer faire respecter les règles prophylactiques, surtout en ce qui concerne l'ophtalmie purulente des nouveau-nés qui cause encore en France de trop nombreux ravages. Il faut tuer la routine, instruire les mères, les sages-femmes même. Mais des chiffres parlent mieux que des phrases. Le nombre des cécités évitables est de 34 0/0 d'après le Dr Truc de Montpellier, de 39 0/0 d'après Golescéano, de 43 0/0 d'après le Dr Trousseau. Notre pays compte donc trop d'aveugles et en compte plus que partout où la moralité et la tempérance sont plus grandes, où les lois hygiéniques sont mieux comprises, plus impératives, mieux appliquées et par conséquent mieux observées. En 1883, d'après la table de la cécité dressée par Carré et Arago, il n'y avait en Hollande que 4,46 aveugles pour dix mille habitants contre le double en France (1). Et des constatations identiques pouvaient dès cette époque être faites en Autriche, au Danemark, en Suède.

Action contre la cécité. — D'accord avec les ophtalmologistes et les typhlophiles, nous proposons en conclusion de prendre ou d'étendre les mesures suivantes contre la cécité :

1° Combattre avec foi et par tous les moyens l'alcoolisme et la syphilis ;

2° Adopter les mesures relatives à la prophylaxie de l'ophtalmie purulente des nouveau-nés ;

3° Inspecter soigneusement les yeux des écoliers ;

4° Inviter les maires et les médecins de l'assistance médicale gratuite à faire toute diligence pour assurer les soins d'un spécialiste aux personnes victimes d'un accident ou d'une maladie atteignant les yeux ;

5° Créer un service ophtalmologique dans les villes possédant une faculté de médecine, là où ce service n'existe pas ; le compléter là où il existe.

L'Etat doit entreprendre ou favoriser cette « croisade contre la cécité » avec toute sa puissance, tous les moyens dont il dispose. L'Etat, expression de la société nationale, y trouvera son avantage. Il a aussi le devoir (et tous les Français ont le même devoir) de faire des

(1) En France il y avait, en 1851, un aveugle par 950 habitants ; en 1901, un par 1.433 habitants. Il y a donc, à ce point de vue, sensible amélioration.

individus irrémédiablement frappés, des citoyens utiles. Il est désirable par exemple, comme l'a très bien dit le Dʳ Ginestous, que le médecin-oculiste ne soit pas seulement un savant. Il doit être aussi un excellent typhlophile. Sa devise devrait être : « Guérir quelquefois, soulager toujours. » Nous pensons, en effet, qu'il doit connaître tous les procédés propres à libérer totalement ou partiellement l'aveugle de son infirmité. Il doit donner au patient ou à ses parents des armes contre la cécité. Il est un fait indéniable, c'est que peu de spécialistes sont à même ou ont la volonté de rendre ce service nécessaire. Quelqu'un a écrit qu'au médecin il faut un scalpel et une âme. Il a toujours l'un, mais manque parfois de l'autre. Et en de telle scirconstances, l'âme c'est la conscience, voire même la conscience professionnelle. Mais l'Etat doit tout tenter pour diminuer le nombre des aveugles, car des êtres en pleine vie, en pleine puissance constitueront, malgré tout, des forces productives et des unités économiques plus grandes, si on leur conserve la vue, que s'ils en sont privés.

CHAPITRE II

Si nous entreprenons cette étude sommaire et incomplète, c'est dans la mesure où elle correspond au but et à la raison d'être de ce travail. Nous sommes, en effet, persuadés de puiser dans l'examen même rapide des facultés psychiques, sensorielles et intellectuelles des aveugles, de bons motifs de penser que, s'ils en ont la volonté et s'ils y sont aidés par les lois et l'opinion, ils peuvent être des membres actifs de la société.

La tendance fâcheuse à la généralisation qu'a le public l'a conduit à concevoir un type d'aveugle. Il voit tous les êtres atteints de cécité jouant de l'accordéon ou tirant de quelqu'autre instrument (violon, mandoline ou guitare) des sons toujours suaves. Il les voit tendant la main ou la sébile et entend leur « merci » plaintif. Il dit des aveugles qu'ils sont bons, intelligents, musiciens, ordonnés, les plus pitoyables des infirmes.

Faut-il en conclure que le public est mauvais juge, qu'il se trompe ? Oui, au moins partiellement, car il ne les connaît pas. Le plus ordinairement il en a entrevu quelques-uns dans la rue, sur le pont ou devant l'église. Mais il les a rarement observés ; et s'il les a plaints et a versé des larmes en écartant avec effroi son regard de ces visages mornes, il ne s'est pas mêlé à leurs jeux d'enfants, à leurs travaux d'hommes, à leur vie. Moins qu'avant Valentin Haüy, moins qu'avant Braille, mais beaucoup trop encore, on les considère sans volonté et sans initiative, inertes et passifs. On les considère par rapport à soi, subjectivement ; et ainsi reçues, les impressions ne peuvent être que vraisemblables.

Les aveugles, en réalité, ne constituent pas une catégorie psychologique. Ils ne sont pas tous conformes à un type, type de la légende et de regrettables et traditionnels préjugés. Comme les autres hommes, ils possèdent des aptitudes diverses, des personnalités différentes. Comme eux, et quel que soit le point de vue auquel on se place, ils peuvent être groupés en individus normaux et individus anormaux. Les premiers disposent de facultés physiques et intellectuelles leur permettant d'atteindre un développement moyen. Les derniers, épaves humaines, accablés de tares de toute nature, sont ceux qui sont incapables d'atteindre ce développement moyen. Envers tous, nous avons des devoirs également impérieux à remplir. Mais nous étudierons surtout les facultés et les tendances des aveugles normaux, seuls susceptibles de représenter des valeurs sociales sérieuses. Les autres appartiennent au médecin plus qu'au psychologue.

Parmi les aveugles normaux, il convient de distinguer d'abord ceux qui ont vu clair dans leur enfance, assez longtemps pour garder quelque souvenir du monde extérieur, ou qui ont été frappés de cécité à un âge déjà avancé ; ensuite, les aveugles de naissance. Ces derniers ne connaissent le monde extérieur qu'à travers les yeux des autres ou par une dérivation de leurs propres sens.

Considérant maintenant l'ensemble des aveugles, on constate avec étonnement que la plupart d'entre eux se passent assez aisément du sens précieux qu'est la vue. C'est que, et c'est logique, l'équilibre rompu par la cécité est rétabli par le développement correspondant aux besoins des facultés générales, du savoir-faire, de la volonté, des autres sens. S'il ne peut y avoir substitution d'un ou plusieurs sens, d'une ou plusieurs facultés à la vue, un phénomène de suppléance peut se produire.

Les impressions sensorielles des aveugles leur permettent de se représenter personnes, choses, attitudes. Les unes sont simples (tactiles, auditives, olfactives) ; les autres sont composées (tactiles et auditives notamment) et moins bien définies.

Le toucher est un sens d'exploration et de représentation. Ils en tirent parfois un parti remarquable, voire même prodigieux. Il leur a permis de lire d'abord les caractères linéaires de Valentin Haüy, ceux de l'anaglyptographie Braille ensuite. Les enfants aveugles étudient sur des cartes géographiques en relief la configuration d'un pays, son système montagneux, ses fleuves, ses chemins de fer. Mais le toucher ne procure pas toujours une représentation mentale parfaite de figures trop étendues ou trop compliquées. Rarement les mains d'un aveugle restent inoccupées. Elles palpent, explorent, se rendent compte, permettent de concevoir les formes. Certains aveugles reconnaissent, dit-on, les couleurs par le poli ou le rugueux des étoffes par exemple, sachant qu'à telle perception tactile correspond telle couleur. Les aveugles suivent du doigt les contours des lignes géométriques et en découvrent les angles, les courbes, toutes les particularités. Un certain nombre d'entre eux font du modelage et même plusieurs, sculpteurs avant de perdre la vue, ont continué, après leur cécité, à réaliser des œuvres belles et émouvantes. D'après M. Pierre Villey (1), la supériorité du toucher des aveugles s'explique par trois considérations : 1° l'art de toucher ; 2° une faculté plus grande d'associer les éléments psychiques très variés avec les impressions tactiles ; 3° une mémoire plus développée de ces impressions.

L'ouïe et l'odorat s'affinent parallèlement au toucher. Plus l'acuité de ces trois sens sera grande, plus étroite sera la corrélation entre l'aveugle et le monde extérieur.

(1) *Le monde des aveugles*, essai de psychologie, par Pierre Villey, agrégé de l'Université. Ernest Flammarion, éditeur, 1914.

Bien des écrivains ont essayé d'expliquer que les paupières fermées ne formaient pas une muraille infranchissable, une cloison étanche, isolant les aveugles. M. de la Sizeranne surtout, dans une forme simple, a réussi à dresser le tableau des sensations qu'éprouvent les aveugles, sensations multiples et variées, qui leur permettent de communiquer et recevoir des impressions, d'émouvoir et de vibrer, en un mot de vivre.

« On s'imagine que pour l'aveugle, les gens ne peuvent avoir qu'une physionomie morale et intellectuelle, tant il semble que ce qui différencie physiquement les personnes n'est appréciable que par la vue. Les parfums, les habitudes de toilette, de nourriture, de boissons, l'âge, la santé, les goûts, la profession, les matériaux qu'on manipule habituellement constituent un agrégat, une gamme olfactive, parfois agréable, attirante ; parfois désagréable, mais qui sert à caractériser les personnes et les choses. On est toujours imprégné de l'atmosphère que l'on quitte.

« L'aveugle reconnaît quelqu'un à sa façon de se moucher, d'éternuer, de tousser. Il le reconnaît par sa distinction, sa grossièreté. La sonorité du pas, sa cadence, son rythme varient d'après le sexe, l'âge, la complexion physique et aussi le caractère moral de la personne. Les habitudes prises, les préoccupations du moment y marquent leur empreinte. La fermeté, l'étourderie, l'indécision, la brusquerie, le calme, la gravité, l'activité, l'indolence, la timidité, l'assurance, la mièvrerie, la fatuité, la simplicité naturelle, la fatigue, l'entrain s'y reconnaissent jusqu'à un certain point. »

Pour les aveugles, la voix a une importance réelle et qu'on ne saurait exagérer. Si les yeux sont le miroir de l'âme, la voix en est l'écho et comme la respiration. La voix, c'est la lumière des aveugles. Ils conçoivent la femme à travers la voix et les parfums et l'on peut dire que la sympathie amoureuse, selon l'expression de M. le professeur Truc, est d'origine auditive et olfactive. Cependant, en psychologie surtout, il importe de ne pas être absolu. Nous admettons donc avec M. Lucien Descaves (1) que le mystérieux moteur des sexes l'un vers l'autre, traitant indifféremment les aveugles et les clairvoyants, ne réside pas plus dans la suavité conventionnelle d'un organe que dans le galbe idéal d'une figure.

Il résulte de ce qui précède que les aveugles ne sont pas nécessairement des emmurés, que leur âme n'est pas une âme en prison. Est-ce à dire que, puisque par l'ouïe, le toucher, l'odorat, ils reçoivent les impressions qui les font communiquer avec les personnes et les choses, ces sens, à cause de l'absence ou de la disparition de la vue, acquièrent une acuité supérieure ? Non. Les expériences psycho-physiques ont démontré que la sensibilité tactile, par exemple, n'était pas plus grande chez les aveugles que chez les clairvoyants, que même

(1) Lucien Descaves, *Les emmurés*. Roman-Storck, 1895.

émoussée par l'usage, elle pourrait l'être moins. Ce qu'il faut en inférer, c'est que si les sens persistants des aveugles ne sont pas plus subtils, ils sont plus exercés. Les aveugles sentent, entendent, touchent mieux, voilà tout. Autrement dit, tout clairvoyant a des facultés sensorielles égales à celles qu'il aurait étant aveugle, mais n'en ayant pas besoin, il ne cherche pas à en tirer un parti meilleur.

On ne peut faire une étude même succincte de la sensibilité des aveugles sans faire allusion au sixième sens qu'on a aussi appelé sens d'orientation, sens des aveugles, sens des obstacles.

Le Dr Javal, que l'hypothèse du sixième sens ne séduit pas, admet qu'à la rigueur les aveugles pourraient posséder un sens supplémentaire qui serait comme la synthèse de tous les sens persistants. Il serait localisé chez tous ceux (aveugles et clairvoyants) dont il serait l'attribut dans la partie supérieure du visage et dans le tympan. Pour beaucoup d'aveugles, c'est l'ensemble des impressions qu'ils reçoivent, impressions qui les orientent, les préviennent des dangers qu'ils peuvent courir. Pour les uns, seule l'ouïe joue un rôle. Pour les autres, tout doit être ramené aux sensations tactiles. En somme, malgré de sévères polémiques et de nombreuses expériences, le sens des obstacles n'apparaît pas toujours comme une réalité physique, et ses causes restent contestées et mal définies. Nous en concluons néanmoins, d'accord avec M. le Dr Déjault (1), qu'il est plutôt une synthèse d'éléments, les uns sensitifs (sensations tactiles de la face, auditives du tympan, sensations auditives proprement dites, dues à l'odorat, au toucher, etc...), les autres psychologiques (intelligence, attention), un certain nombre de données, sans valeur apparente, mais qui jointes à d'autres facteurs permettent de formuler une hypothèse. M. Villey a raison d'écrire que les sens ne font pas l'intelligence, comme Diderot le croyait, attribuant à tort aux aveugles une mentalité, une métaphysique, même une morale propres. Mieux vaut dire avec le critique des *Essais* de Montaigne, qu'à savoir égal, l'intelligence jouit du même degré de liberté chez les aveugles que dans un corps intact.

Les aveugles sont souvent réfléchis, parfois même concentrés. Leur esprit se tourne volontiers vers la spéculation, et instruits, ils aiment à faire de l'histoire, de la philosophie, des sciences sociales. S'ils aiment l'ordre, en général, c'est que l'ordre dans leurs idées comme dans l'arrangement de leur chambre ou de leurs livres est indispensable.

Les clairvoyants trouvent les aveugles « gais ». La vérité, c'est que le malheur des aveugles leur apparaît si effroyable que le moindre plissement de lèvres de ceux qui ne voient pas leur semble insolite, une consé-

(1) Déjault, *Etat actuel de l'éducation et de l'instruction des aveugles*, thèse Bordeaux, 1911.

quence, celle-là heureuse, de la cécité, une grâce accordée aux infirmes, une demi-compensation. Faudrait-il donc être aveugle pour être gai? Il est, à notre avis, aussi absurde de dire « l'aveugle est gai », que si l'on disait : « l'aveugle est intelligent ou inintelligent, bon ou méchant, sensible ou insensible ». Là encore il faut considérer des individus et non un « type ».

Les aveugles, dit-on, sont souvent égoïstes. Tant de jouissances leur sont ravies, que dans l'ardent désir de profiter de la vie ils tendent à « tout » ramener à leur être. A l'école on leur enseigne et la vie leur apprend qu'ils ne pourront rien, ne seront rien sans de constants efforts, qu'ils ont à vaincre, outre les difficultés naturelles conséquences de leur infirmité, des habitudes funestes et d'enracinées croyances. Les plus forts deviennent des modèles de persévérance, des hommes d'élite. Mais trop d'autres, si le courage les abandonne, s'ils sont figés par la timidité qui paralyse, s'ils ne sont pas mus par la saine ambition et secoués par l'amour-propre, s'ils subissent des tares impérieuses, si le bonheur n'a pas accompagné leurs premiers pas et si la famille et l'école ont été pour eux trop parcimonieuses de tendresse et de conseils, ils deviennent des égoïstes, parfois des révoltés, et, s'ils sont misérables, des parasites. On ne saurait trop insister sur ces points, car ils constituent l'un des plus graves problèmes relatifs aux aveugles. Mais, ce qu'il est nécessaire de souligner ici, comme en toutes matières, c'est l'influence du milieu

sur l'individu. Les hommes sont en quelque sorte fonction de leur famille, des habitudes qui les enveloppent,
de l'éducation qu'ils reçoivent. Ils sont des blocs d'ar-
gile qui conservent l'empreinte de la vertu et du vice,
de la dignité et de la faiblesse, en un mot, des forces
positives et négatives, acquises avec la naissance, dans
la famille, à l'école, dans le « struggle for life ». Et les
aveugles, soumis, eux aussi, à ces lois de psychologie
sociale, en subissent le joug.

Il semble que grâce à de curieux phénomènes de
suppléance ou d'habitude, les aveugles normaux, algré
leur infirmité, conservent dans l'ensemble des possibilités psychiques, intellectuelles, identiques à celles
qu'ils auraient eues s'ils n'avaient pas été frappés de
cécité. Cependant, du fait qu'il leur manque un sens
incontestablement précieux, les aveugles ne peuvent pas
logiquement disposer de ces aptitudes intellectuelles ou
n'en disposent que partiellement.

M. Guilbeau, aveugle, ancien professeur à l'Institution nationale des jeunes aveugles, ramène à trois les
infériorités des aveugles vis-à-vis des clairvoyants :

1° Dans la vie pratique, la dépendance presque constante envers autrui ;

2° Dans la vie esthétique, l'impuissance à goûter plusieurs manifestations de l'art ;

3° Dans la vie psychologique, la façon particulière de
comprendre les mots des langues, les figures qui procèdent de la vue.

Il serait intéressant et peut-être utile d'insister sur ces infériorités incontestables, quoique de degrés divers selon les individus, car elles se répercutent sur les manières de penser des aveugles, sur leurs manières de vivre. La dépendance surtout joue un rôle considérable, si considérable même que la plupart des aveugles pourront affirmer que ce n'est pas tant de leur infirmité qu'ils souffrent que de la dépendance humiliante, énervante et affaiblissante qui en est la conséquence.

Mais nous craindrions de donner à ce travail un caractère qu'il ne doit pas avoir.

Que conclure de tout ce qui précède? Les aveugles normaux sont éminemment sociables. Leurs caractères psychologiques et moraux ne s'écartent pas sensiblement de ceux des clairvoyants avec lesquels ils sont appelés à vivre. Ils peuvent être ramenés aux suivants: faculté d'adaptation, suppléance des sens, pouvoir de réflexion, égoïsme.

En somme, s'ils ont certaines tendances dues à leur infirmité, ils ne sont pas au point de vue psychologique des êtres particuliers.

CHAPITRE III

L'immense compassion que de tout temps les aveugles inspirèrent fut l'origine d'initiatives nombreuses qui se manifestèrent dès les premiers siècles de notre ère (refuge de Tyr, hospice créé par l'évêque du Mans en 630). Ces initiatives aboutirent notamment à la création célèbre des Quinze-Vingts au moyen âge et devinrent surtout efficaces à partir de 1880. Toutes eurent pour but de leur assurer le vivre et le dormir et de les arracher à un misérable destin.

Aujourd'hui, l'assistance aux aveugles est exercée tant par les pouvoirs publics que par des associations privées. Nous nous proposons d'esquisser les grandes lignes de cette action et de faire suivre l'exposé des faits de quelques considérations générales et brèves sur l'efficacité et les caractères de l'assistance.

Assistance publique. — Les pouvoirs publics interviennent sous plusieurs formes en faveur des aveugles. Nous croyons devoir les ramener à trois : 1° assistance aux aveugles adultes ; 2° hospitalisation des aveugles ; 3° assistance aux mineurs aveugles.

1º Assistance aux aveugles adultes.

La loi du 14 juillet 1905 (1) a institué en France l'assistance aux vieillards, aux infirmes et aux incurables. Son article 1er est ainsi conçu :

« Tout Français privé de ressources soit âgé de plus de 70 ans, soit atteint d'une infirmité ou d'une maladie reconnue incurable qui le rend incapable de subvenir par son travail aux nécessités de l'existence, reçoit aux conditions ci-après l'assistance instituée par la présente loi. »

Étant atteint d'une infirmité incurable, tout aveugle privé de ressources peut obtenir le bénéfice de la loi, à la condition qu'il soit Français et qu'il ait plus de seize ans.

Procédure et mécanisme général de la loi du 14 juillet 1905. — L'aveugle doit adresser sa demande au maire de la commune où il réside. Il doit la signer, ou en tout cas, y apposer un signe dont l'authenticité est attestée par deux témoins domiciliés dans la même commune. Le maire donne récépissé de la demande et sur proposition du bureau d'assistance, le conseil municipal statue. La liste des demandes favorablement

---

(1) Consulter, pour les bénéfices que les aveugles peuvent tirer de la loi du 14 juillet 1905, *La loi du 14 juillet 1905 et l'assistance aux aveugles*, rapport présenté par M. Mirman, directeur de l'Assistance et de l'Hygiène publiques au Congrès de la prévention de la cécité, des œuvres d'assistance et des travaux d'aveugles, tenu à Paris en mai 1910.

accueillies est déposée au secrétariat de la mairie et avis de ce dépôt est donné par affiches aux lieux accoutumés.

Si, après avoir constaté que son nom figure (ou ne figure pas) sur la liste et quelle allocation lui est attribuée, le postulant se juge lésé par la décision du conseil municipal, il peut, dans les 20 jours à compter du dépôt de la liste dont il vient d'être question, faire un recours contre cette décision devant la commission cantonale. Il devra remplir les mêmes formalités que précédemment. Le postulant qui fait recours devant la commission cantonale doit être appelé par celle-ci.

Si sa plainte est fondée il a intérêt, dit M. Mirman, à se rendre à cette convocation et à exposer sa situation de vive voix. Dans les 20 jours qui suivent la notification à l'intéressé de la décision de la commission cantonale, il peut se pourvoir devant la commission centrale siégeant au ministère de l'Intérieur et qui juge en dernier ressort.

Taux pleins et taux réduits. — Le conseil municipal fixe le taux de l'assistance. Il varie entre cinq francs (ce qui est rare) et vingt-cinq francs. La ville de Paris a été seule autorisée à l'établir à trente francs. Mais, d'après l'article 20 de la loi du 14 juillet 1905, l'aveugle peut ne recevoir qu'un taux réduit d'allocation. Cet article prescrit en effet que, au cas où la personne admise à l'assistance dispose déjà de certaines « ressources », la quotité de l'allocation est diminuée pour elle du montant de ses ressources. Exemple : le postulant dispose d'une rente viagère de 120 francs. La commune où il a son domicile de secours ayant fixé un taux mensuel plein de 15 francs, il ne recevra du fait de l'article 20 de la loi du 14 juillet 1905 qu'une allocation mensuelle de 5 francs.

Parmi les ressources auxquelles fait allusion l'article précédemment énoncé, il y a lieu de distinguer les ressources proprement dites des ressources privilégiées. Parmi les premières figure le secours mensuel, que les parents tenus à la « dette alimentaire » seraient contraints par la loi de donner à l'assisté s'ils n'y consentaient de bonne grâce. Cela est compréhensible, car l'assistance doit être assurée à l'infirme (ou au vieillard) d'abord par la famille naturelle. Ce n'est qu'à défaut de cette famille et que dans la mesure où elle ne peut supporter le coût de cette assistance qu'intervient, selon l'expression de M. Mirman, la famille élargie que constitue la nation.

Les parents tenus à la dette alimentaire sont les père et mère, les enfants et les conjoints. Si un enfant n'est pas indigent, ou considéré comme tel, et s'il refuse de donner 3, 5, 10 francs par mois à son père aveugle (ou âgé de plus de 70 ans), l'infirme (ou le vieillard) pourra bénéficier de la loi de 1905 et toucher le taux plein, mais l'enfant sera poursuivi devant le juge de paix par le maire ou le préfet pour être condamné à s'acquitter de son obligation dont le montant sera versé dans les caisses publiques, diminuant ainsi les charges de la société. Point n'est besoin de fournir d'autres exemples pour que soit bien comprise la pensée du législateur.

D'autres ressources comme les rentes dues à l'épargne servies par exemple par la caisse nationale des retraites, ou par une société de secours mutuels, et les ressources fixes et permanentes (1) provenant de la bienfaisance privée ne compteront que pour moitié de leur valeur dans le calcul des déductions à opérer sur le taux plein. Ainsi le taux plein, dans la commune, étant de 15 francs par mois, et l'aveugle intéressé recevant de quelque œuvre une somme de 60 francs par an, ce n'est pas 5 francs, mais 2 fr. 50 que l'on déduira. L'assisté recevra donc une allocation mensuelle de 15 francs moins 2 fr. 50, soit 12 fr. 50, à laquelle s'ajoutera la somme fixe et permanente de 5 francs par mois qu'il doit à l'œuvre dont il est pupille.

Les pensions externes des Quinze-Vingts et la loi du 11 juillet 1905. — L'hospice national des Quinze-Vingts, grâce à des ressources de nature et d'origines diverses qui lui sont propres, hospitalise un certain nombre d'aveugles (2). Sur les disponibilités de son

(1) Pour entrer en ligne de compte dans les déductions prévues par l'article 20 de la loi du 14 juillet 1905, les ressources dues à la bienfaisance privée doivent être « fixes » et « permanentes ». Ces conditions sont nécessaires et si les secours auxquels nous faisons allusion étaient variables, aléatoires, précaires, ils ne pourraient figurer dans le calcul du taux.

(2) Voir en ce chapitre, sous le titre *Hospitalisation*, les explications complémentaires relatives à l'hospice des Quinze-Vingts.

budget employé dans sa presque totalité à l'entretien des aveugles dans l'établissement, des pensions dites externes étaient naguère servies à des aveugles résidant hors de l'établissement. Une subvention annuelle spéciale était même allouée par le Parlement à l'hospice en vue d'augmenter le nombre de ces pensions externes. Au 1er janvier 1905, cette subvention s'élevait à 125.000 francs et les pensions externes se décomposaient ainsi : pensions de 100 francs, 2.061 ; de 150 francs, 531 ; de 200 francs, 233, soit au total 2.825 pensions.

Des aveugles pensionnés externes des Quinze-Vingts sollicitèrent le bénéfice de la loi du 14 juillet 1905, mettant dans l'embarras les conseils municipaux qui se demandèrent quelle espèce légale de ressources ces pensions constituaient. Puisqu'elles n'étaient pas des produits du travail, ni des produits de l'épargne et n'avaient pas le caractère de ressources fixes et permanentes de la bienfaisance privée, nous devons conclure avec l'avis émis le 9 juillet 1907 par la Commission centrale créée par la loi du 14 juillet 1905 qui juge en dernier ressort et établit la jurisprudence, que les pensions dont il est question constituaient des ressources ordinaires dont il fallait tenir compte pour le plein de leur valeur dans le calcul des déductions. Les pensions des Quinze-Vingts, au lieu d'apporter des avantages à leurs titulaires, ne leur causaient que des désagréments, comme le dit fort bien M. Mirman. D'après

le mécanisme des déductions, ils touchaient la même
somme que les non pensionnés des Quinze-Vingts dans
la même commune et tandis que les derniers y recevaient tous les mois leur allocation pleine, ils ne pouvaient percevoir le montant de leur pension, complé-
ment de leur allocation réduite, que tous les trimestres.
Ces inconvénients étaient si réels que dès 1907 certains
aveugles abandonnèrent leur pension. Le ministère de
l'Intérieur cessa d'accorder des pensions nouvelles et
ne remplaça pas les titulaires décédés ou démissionnai-
res. MM. Vazeille et Plissonnier, interprétant la pensée des parlementaires que cette situation avait émus,
proposèrent le 8 décembre 1907 d'ajouter la disposition
suivante à la loi de finances :

« Les pensions des Quinze-Vingts n'entreront pas en
ligne de compte dans le calcul des déductions à opérer
en vertu de l'article 20 de la loi du 14 juillet 1905. »

La Chambre n'ayant pas adopté cette manière de
voir, la suppression des pensions externes des Quinze-
Vingts devenait inévitable. La Commission du budget
de 1909, prenant acte des décisions antérieures, supprima la subvention annuelle.

Aujourd'hui, grâce aux disponibilités du budget des
Quinze-Vingts, auxquelles s'ajouta en 1910 sur la
proposition de M. Bouveri un crédit de 250.000 francs,
des secours temporaires et toujours révocables sont
accordés à tous les aveugles de France indigents. Ils le
sont pour les anciens pensionnés des Quinze-Vingts

jusqu'à concurrence du montant de la somme qu'ils recevaient en cette qualité, quand le taux de l'assistance est inférieur à cette somme, et pour les non pensionnés de façon à compléter jusqu'à 150 francs leur allocation mensuelle d'assistance.

En résumé, la loi du 14 juillet 1905 a permis d'étendre et parfois même d'augmenter les bienfaits dus aux pensions externes des Quinze-Vingts.

Tous les aveugles de France nécessiteux ont droit à l'assistance, tandis que le nombre des pensionnés de l'hospice de Saint-Louis était limité. Ils touchent une somme au moins égale à celle qu'ils recevaient avant l'application de la loi, grâce aux « secours » des Quinze-Vingts prélevés tant sur les disponibilités budgétaires de l'hospice que sur les subventions votées à cet effet par le Parlement.

La mesure qui a créé les « secours complémentaires » destinés à assurer aux aveugles un budget minimum de 150 francs, est un expédient, un subterfuge légal, selon le mot de M. Mirman lui-même. En effet, les pensions des Quinze-Vingts ne pouvaient se cumuler avec la pension d'assistance et elles entraînaient des déductions égales à leur valeur. Les « secours » au contraire peuvent se cumuler parce qu'ils constituent des ressources non régulières, non fixes et permanentes, des ressources aléatoires. Pour être renouvelés notamment, ils doivent faire l'objet d'une nouvelle demande. Cet expédient ne peut évidemment être que transitoire et nous espérons

que, votant la disposition additionnelle présentée en
1907 à la Chambre par MM. Vazeille et Plissonnier, le
Parlement admettra que les secours complémentaires
des Quinze-Vingts n'entrent pas en ligne de compte
dans le calcul des déductions à opérer en vertu de l'article 20 de la loi du 14 juillet 1905.

2° Hospitalisation des aveugles.

Puisque notre intention est moins d'écrire un livre
complet qu'un livre utile, nous nous contenterons de
constater l'évolution des problèmes et d'étudier l'état
actuel, sans que besoin soit de suivre dans l'histoire les
progrès et les vicissitudes des idées, leurs rapports
constants et divers avec les faits.

Un aveugle peut être sous certaines conditions hos-
pitalisé. L'article 12 de la loi du 14 juillet 1905 est en
effet ainsi conçu :

« Les vieillards, les infirmes et les incurables qui ne
peuvent être utilement assistés à domicile sont placés,
s'ils y consentent, soit dans un hospice public, soit dans
un établissement privé ou chez des particuliers. »

Le conseil général dresse la liste des établissements
publics ou privés où les aveugles (vieillards ou infirmes)
pourront être placés.

Dans chaque commune, le conseil municipal règle
les conditions dans lesquelles ils seront assistés et dé-
cide s'ils recevront l'allocation mensuelle à domicile ou

si au contraire (si toutefois les intéressés y consentent) ils seront hospitalisés. Le conseil municipal est seul juge (et sa décision est sans recours) de l'opportunité de l'hospitalisation. Il eût été préférable que la loi prévît un recours devant un conseil supérieur ou une commission d'appel.

Nous pensons avec le législateur que ne doivent être hospitalisés que les aveugles qui ne peuvent être utilement assistés à domicile, c'est-à-dire qui, grâce à leur travail auquel vient s'ajouter l'allocation mensuelle d'assistance, ne peuvent subvenir à leurs besoins.

Agir autrement, ce serait porter atteinte à la dignité humaine, car si à l'hôpital ils n'ont plus le souci du pain quotidien, ils perdent toute initiative, le goût de la lutte et ne constituent désormais plus que des charges pour la société. De plus, s'ils sont mariés, s'ils ont des enfants, on les arrache aux saines joies de l'existence familiale. Il est vrai que pour les soustraire à la paresse souveraine et à l'oisiveté dégradante on a facilité le groupement des aveugles dans certains hôpitaux, voire même certaines salles d'établissements spécialement désignés par les autorités compétentes. On leur a parfois donné quelques facilités de se distraire et de travailler (ils font un peu de brosserie et de cannage, augmentant ainsi leurs maigres ressources). Ces mesures dont il convient de ne pas exagérer les résultats furent de tout temps prises par des directeurs d'établissements consciencieux, mais depuis une circulaire du président du Conseil datée du 18 octobre 1909, elles empruntent, malgré leur rareté et leur efficacité réduite, un caractère officiel. Cette circulaire est cependant intéressante et les observations qu'on y lit pourraient être l'origine d'utiles efforts.

Circulaire du président du Conseil adressée aux préfets le 18 octobre 1909. — « L'hospitalisation des aveugles soulève d'importantes et délicates questions. On peut se demander notamment s'il est de l'intérêt de ces aveugles d'être disséminés, comme ils le sont en général aujourd'hui, dans les divers établissements hospitaliers, ou si au contraire il ne serait pas préférable, au moins pour un certain nombre d'entre eux, d'être groupés dans des hospices déterminés où leur pourraient être donnés des soins spéciaux appropriés à leur état, où par exemple des livres et journaux en écriture Braille pourraient être mis à leur disposition ; où, d'autre part, ceux qui sont encore valides pourront être mis à même d'effectuer certains menus travaux qui seraient pour eux à la fois une distraction et un moyen de se procurer de petites ressources, où enfin certains aménagements matériels pourraient être disposés de nature à rendre moins pénible leur vie quotidienne. Pour examiner utilement cette question, il est nécessaire qu'une enquête préalable soit instituée. Je vous prie d'y faire procéder dans les divers hospices publics ou privés de votre département. Je désire connaître :

1° Combien dans chacun de ces établissements se

trouvent actuellement d'aveugles hospitalisés, leur sexe, leur âge, s'ils sont aveugles de naissance, ou, dans le cas contraire, l'âge auquel ils ont été frappés de cécité ;

2° Combien d'entre eux connaissent la lecture Braille?

3° Combien effectuent un certain travail, et lequel ?

4° Combien, en raison de leurs facultés intellectuelles ou de leur état physique, pourraient effectuer un certain travail s'ils étaient placés dans des conditions particulières le leur facilitant ?

5° Combien souhaiteraient être hospitalisés en un établissement spécial où pourraient être réunies des conditions plus favorables à la vie en commun des aveugles?

6° Combien préfèrent demeurer aujourd'hui où ils sont, mais auraient souhaité, le jour où ils ont été recueillis, être l'objet de l'hospitalisation spéciale visée plus haut?

7° Si, dans l'hospice considéré, des mesures spéciales sont prises en faveur des aveugles hospitalisés et lesquelles ?

8° Cette enquête pour fournir d'utiles renseignements doit être conduite avec un soin particulier et je pourrais dire « affectueux », autant que possible par une personne compétente en matière d'assistance aux aveugles et qui voudra bien prendre la peine de s'entretenir successivement avec chacun des aveugles recueillis dans l'hospice, et obtenir ainsi d'utiles confidences. Si vous avez pu constituer dans votre département la commission spéciale visée par la circulaire ministérielle du 21 décembre 1908, vous la saisirez de la présente communication. Il lui appartiendra de diriger de concert avec vous cette enquête et de vous présenter avec les renseignements recueillis sur place, ses observations, conclusions et vœux en ce qui concerne toutes questions afférentes à l'hospitalisation des aveugles. Notamment elle sera consultée par vous sur le point de savoir si l'un ou l'autre des hospices du département se prêterait, et dans quelles conditions, au groupement éventuel d'un certain nombre d'aveugles. »

L'enquête prescrite par cette circulaire n'a pas produit les résultats utiles qu'on pouvait en attendre. Nous ne savons comment elle fut conduite. Les termes de la circulaire sont en tout cas d'une rare précision et semblent émaner d'un vrai typhlophile. Mais des actes aussi précis que les mots écrits eussent été préférables.

A notre avis, l'hospitalisation est un pis-aller. Il ne faut enlever un être humain à sa famille, le soustraire à l'âpre et saine lutte pour la vie, que si l'on ne peut faire autrement, c'est-à-dire si les conditions dans lesquelles il se trouve ne lui permettent pas de vivre seul ou avec les siens, de subvenir à ses besoins propres et à ceux de sa famille.

On a conçu de vastes et chimériques projets en faveur des aveugles.

M. Mirman, ex-directeur de l'hygiène et de l'assistance publiques, préconisait, en son rapport présenté au

Congrès de 1910, les fameuses maisons communes d'aveugles. Elles leur permettraient de vivre avec les leurs sans les accaparer, les immobiliser, les empêcher en un mot de gagner le pain de la famille. Ils attendraient dans la salle commune, lisant et fabriquant quelques menus objets, le retour des parents laborieux. L'argent des philanthropes et les allocations d'assistance fourniraient la possibilité d'édifier et d'entretenir ces établissements. Il est certain qu'il y a intérêt à chercher le moyen de réaliser des « homes » pour les aveugles qui travaillent, comme en certaines villes d'Allemagne, d'Angleterre et d'Amérique. Mais il convient de poursuivre un but utilitaire et de ne pas créer de ces maisons-cités, séjour de la paresse et du sommeil. Mieux vaut, selon nous, utiliser les capitaux dont on dispose à éduquer les aveugles bien portants et laborieux, que de les gaspiller au profit d'aveugles malades, incapables d'efforts, nettement assimilables aux malades clairvoyants.

Mais avant de passer à l'examen d'autres questions, il nous paraît intéressant de donner quelques détails rapides sur l'organisation de l'hospice national des Quinze-Vingts qui a rendu de si appréciables services aux aveugles indigents de France.

L'hospice national des Quinze-Vingts. — Nous avons extrait les explications qui vont suivre de la correspondance que nous ne cessons d'entretenir avec M. Ernest Vaughan, l'éminent et sympathique direc-

teur actuel de l'hospice qui nous occupe, au dévouement et au cœur duquel il nous plaît de rendre un
public hommage.

Les Quinze-Vingts ont été fondés par saint Louis
vers 1254 pour les aveugles pauvres de Paris et non
pour trois cents chevaliers à qui les Sarrasins auraient
crevé les yeux. Cette légende absurde — car on ne voit
pas saint Louis récompenser le dévouement et l'hé-
roïsme de ses compagnons d'armes par le bâton et le
bassin du mendiant — ne prit naissance qu'en 1483
dans une requête de Jean de l'Aigle, maître des
Quinze-Vingts, au pape Sixte IV.

Y eut-il une charte constitutive de la fondation ?
C'est possible ; mais on n'en retrouve pas trace dans
les archives. Nous n'y voyons que des lettres patentes
datées de Melun, mars 1269, par lesquelles le roi con-
firme la fondation et lui alloue une rente annuelle et
perpétuelle de trente livres parisis pour « l'œuvre du
potage ».

La maison placée sous la direction de l'aumônier du
roi fut administrée plus tard, et jusqu'à la Révolution,
par les grands aumôniers de France.

Vers 1260, il n'y avait, sans doute, pas plus de trois
cents aveugles mendiant dans les rues de Paris. Ils formaient une sorte de corporation qui tenait ses assises
dans les bois de la butte Saint-Roch, butte formée des
immondices et des gravats de la capitale, c'est-à-dire
dans la partie la plus malsaine de la banlieue parisien-

ne. On appelait ce lieu le Champ pourri, par opposition au « Champ-Fleuri », situé sur l'autre rive de la Seine.

Les trois bâtiments destinés aux Quinze-Vingts furent construits sur un vaste terrain que saint Louis acheta à l'évêque de Paris, terrain qu'il fit enclore. Les aveugles y trouvèrent toujours le couvert, sinon le vivre. Le bon roi leur accorda le droit exclusif de quêter à l'intérieur des églises et de placer des troncs dans tous les établissements religieux de France. A certaines époques, un aveugle accompagné d'un voyant allait recueillir le contenu de ces troncs et assez souvent entrait en conflit avec quelque autorité ecclésiastique qui contestait son droit de prélever ainsi une part du casuel qu'elle ne voulait pas abandonner. S'il y avait contestation de cet ordre, les Quinze-Vingts en appelaient aux Parlements qui toujours leur donnèrent gain de cause.

Saint Louis, monarque libéral, laissa aux aveugles toute leur liberté. Ils s'appelaient frères et sœurs et observaient les rites de la religion catholique, mais leur communauté n'était pas conventuelle. Elle admettait les ménages et les enfants. Ils ne prononçaient ni vœux de pauvreté, ni vœux de chasteté, ni même d'obéissance. Ils pouvaient tester à leur guise et se retirer quand bon leur semblait. En ce dernier cas, la moitié de leur avoir restait à la maison.

Sous Philippe le Bel, en 1313, ils eurent un costume bleu ciel avec sur le plastron une fleur de lys qui les signalait comme « pauvres du roi ».

La chapelle de l'établissement fut dédiée à saint Rémy et presque tous les papes et les évêques accordèrent des indulgences à ses bienfaiteurs et à ceux de la maison.

L'enclos était lieu d'asile. Des partisans n'ayant pas la maîtrise s'y établirent dans des boutiques dont ils payaient le loyer. Les Quinze-Vingts jouirent en outre d'immunités particulières. Ils furent exempts de tailles, impôts et subsides. Ils s'approvisionnaient de sel au grenier public et ne payaient que le droit marchand.

A ces sources de revenus s'ajoutèrent dès le début des donations parfois considérables. La première en date, une rente de six livres parisis, fut faite en 1275 par Pierre Sarres, valet de chambre du roi. D'autres suivirent en rentes, en immeubles, en cultures. En voici un exemple intéressant : en 1584, Messire Quentin Courtise, chantre-chanoine de la Sainte-Chapelle de Vincennes et parent d'un fonctionnaire de l'hospice, légua un marais sis au lieu dit le « Val Laronneux » et qui rapportait annuellement quatre écus entiers. En 1606, il fut loué 16 livres tournois, 36 livres en 1624. En 1698, il fut affermé à Jean Saulnier à raison de 45 livres et resta dans cette famille durant près d'un siècle. En 1789, à la suite d'augmentations successives, le loyer s'élevait à 120 livres. La rue Richer fut alors percée. Elle bordait le terrain et lui donna une valeur d'exploitation plus grande. Il fut loué 1.500 francs en 1806, 2.000 en 1832, 38.800 en 1860, 72.000 en 1871 et plus de 100.000 aujourd'hui. C'est sur ce terrain sans valeur au xvi⁰ siècle que se trouvent aujourd'hui « les Folies bergères ».

Si on avait eu la sagesse d'agir de même façon avec la fondation de Saint-Louis, sise rue Saint-Honoré, et qui avait pris un développement considérable, les aveugles de France toucheraient en seules rentes plus d'argent que ne fut vendu ledit enclos par le cardinal de Rohan.

Sous François I⁰ʳ, à la suite des guerres et des disettes qui en étaient la conséquence, les Quinze-Vingts mouraient de faim malgré leur fortune domaniale et leurs rentes qu'on ne payait pas. Le roi chargea Philippe des Moulins, son aumônier, de les réorganiser et bientôt ils reprirent leur prospérité ancienne.

Au xviii⁰ siècle, par suite des transformations de la capitale, les Quinze-Vingts se trouvèrent situés dans le quartier le plus aristocratique de Paris. L'église Saint-Rémy était fréquentée par les grands seigneurs et les princes de la finance, « superbes comme des paons, étincelant d'or, de rubis, de diamants », dit Mercier dans son tableau de Paris.

Ces somptuosités éveillèrent en 1751 les convoitises de l'Etat qui sous le prétexte fantaisiste que les Quinze-Vingts avaient été institués pour des gentilshommes, manifesta l'intention de les vendre et d'en attribuer le prix à une école militaire qu'on devait construire dans l'île des Cygnes. Mais l'opinion publique s'étant émue, l'idée fut abandonnée. Malheureusement, elle fut reprise en 1779 par le cardinal de Rohan qui avait de constants besoins d'argent. En dépit des résistances que les inté-ressés lui opposèrent, il obtint de la faiblesse de Louis XVI l'autorisation de vendre les bâtiments de l'enclos à une bande noire, la Société Seguin et Cie, dans laquelle il était intéressé pour 10 0/0, sous le nom d'un homme de paille. Cinq millions de livres sur six millions que représentait la vente devaient être versés au trésor royal. L'Etat en échange s'engageait à tenir aux Quinze-Vingts une rente annuelle de 250.000 francs, rente qui ne devait en aucun cas être retardée, réduite ou suspendue. Nous avons vu que cette rente qui subit quelques éclipses totales ou partielles fut rétablie en 1909 sur la demande de M. le député Bouveri.

On acheta pour un million et demi de francs environ la Caserne désaffectée des Mousquetaires située rue de Charenton et on y réinstalla les aveugles et leurs fa-milles. Ils y sont aujourd'hui très mal à cause de la vé-tusté des bâtiments. Nous souhaitons qu'ils soient transférés dans des constructions mieux appropriées. Mais on peut dire que le principe de cette hospitalisa-tion familiale a donné d'heureux résultats, puisqu'il laisse la joie de vivre aux infortunés qui en sont l'objet.

Aujourd'hui, pour être admis aux Quinze-Vingts, il faut être âgé de quarante ans, adresser une demande au ministère de l'Intérieur, demande à laquelle sont joints des certificats de cécité complète et absolue, d'indigence et de bonnes vie et mœurs, les actes de naissance et de mariage. Les femmes et les enfants sont admissibles. Chaque interne dispose d'une ou deux chambres, suivant les cas, et conserve son indépendance, n'étant soumis qu'au règlement très libéral de la maison que les directeurs interprètent largement. Il n'y a pas d'inconvénients du reste, tout en respectant scrupuleusement la liberté individuelle, à prescrire des règles précises de moralité, de tempérance et de bonne tenue. Les pensionnaires touchent tous les jours une somme qui varie en fonction des charges familiales et une certaine quantité de pain.

Une clinique ophtalmologique est adjointe aux Quinze-Vingts et a acquis une universelle réputation. Son budget est spécial.

L'administration des Quinze-Vingts est confiée à un directeur, un sous-directeur, un receveur, un économe, etc..., et une commission consultative formée de quatre personnes dont les fonctions sont gratuites.

3º Assistance aux aveugles mineurs.

Il y a lieu de distinguer ici entre les mineurs aveugles âgés de plus ou de moins de seize ans. Les premiers peuvent bénéficier de la loi du 14 juillet 1905 et soit recevoir une allocation mensuelle aux conditions fixées par ladite loi, soit être hospitalisés en un établissement public ou privé. Il ne faut pas, à notre sens, habituer les aveugles dès l'enfance à vivre de libéralités sociales.

Pourquoi les traiter comme des vieillards ou des infirmes définitifs ? Ils ne seront ainsi que des assistés et il est nécessaire, pour eux comme pour la collectivité, d'en faire des travailleurs, amis du labeur et gagnant leur pain. Mieux vaut donc leur assurer une instruction technique solide. La loi de 1905 permet évidemment (ses termes étant généraux) de les « hospitaliser », c'est-à-dire à la rigueur de les placer dans quelque établissement d'éducation spécial. Mais les conseils municipaux et les conseils généraux hésiteront à alourdir leurs budgets de dépenses dont l'utilité et l'urgence leur échappent souvent, ainsi que nous nous efforcerons de le montrer dans le chapitre « De l'instruction des aveugles ». Nous ne pouvons concevoir pour les enfants âgés de moins de seize ans qu'une assistance, celle qui consiste à en faire des hommes, c'est-à-dire à les doter de moyens de vie et à cultiver leur intelligence. Mais le mot « assistance » devient alors inexact. Il faut le remplacer par « droit à l'instruction gratuite et obligatoire et droit à être instruits et éduqués dans des écoles spéciales convenablement outillées ». Nous développerons ces idées dans le chapitre ci-dessus indiqué.

Autres formes d'assistance publique.

En outre des bourses de taux très faibles qu'il octroie pendant six années aux enfants aveugles pour qu'ils puissent recevoir l'enseignement des écoles spéciales augmentant ainsi les sommes mises à leur disposition par les conseils généraux et les œuvres privées, le ministère de l'Intérieur prélève sur des fonds spéciaux (disponibilités du budget des Quinze-Vingts, produits des jeux, etc...) d'autres sommes qu'il attribue à des établissements d'assistance aux aveugles, des ateliers d'adultes notamment (1). On se souvient que la Commission du budget supprima purement et simplement la subvention votée annuellement pour les Quinze-Vingts et destinée spécialement aux pensions externes. Sur l'insistance du ministre de l'Intérieur et le rapport de M. Jannery, la Commission du budget se déclara prête à consentir ce crédit de 125.000 francs, si le gouvernement lui soumettait un plan méthodique de répartition. M. Clémenceau nomma le 1ᵉʳ janvier 1909 un « comité » permanent d'étude pour l'assistance aux aveugles (2). Grâce au projet de répartition qu'il élabora fut inscrit dans le projet de budget du ministère

(1) Le premier atelier d'adultes a été créé par M. Lavanchy-Clarke et installé rue Jacquier à Paris où il n'a pas cessé de fonctionner. Moyennant un prix de pension minime, les aveugles adultes sont dans ces ateliers déchargés des soucis matériels. Ils ne chôment pas ayant toujours et des matières premières et des clients. Peut-être, et c'est le revers de la médaille, y deviennent-ils quelque peu passifs. L'initiative est une force et un moyen de progrès qu'il faut ne pas perdre.

(2) Cette commission était composée de M. le sénateur Labrousse, président ; M. Mirman, vice-président ; Mlle Régnier, MM. Dussouchet, Lefebvre, Péphau, Rondel, Vaughan, Winter, Chevallereau, Molais, Cosse, Lucien Descaves, Il. Montégut, Boyer, Lafontaine, membres clairvoyants. De MM. Couillard, Charbonneau, Freyssinier, Lotz, Remy, Mahaut de la Sizeranne, Villey, membres aveugles.

de l'Intérieur pour 1910 un chapitre nouveau intitulé :
« Subventions pour les œuvres d'assistance par le travail spéciales aux aveugles et pour l'application des
mesures préventives à la cécité. » M. Mirman, généreux et confiant, écrivait en 1910 que ce fonds spécial
allait incontestablement ouvrir, dans l'histoire de l'assistance aux aveugles en France, une ère nouvelle. Il
s'est trompé. Si la lutte contre la cécité a été entreprise
avec quelque chaleur, nous ne pensons pas que la situation des travailleurs aveugles ait été modifiée de façon
sensible. Le comité permanent nommé au ministère
de l'Intérieur dressa évidemment un plan logique de
réformes et les procès-verbaux des séances qu'il tint
constituent d'importants documents. Mais aujourd'hui
on semble ignorer son existence : il n'a pas été réuni
depuis 1913. Il rendrait cependant d'appréciables services en assurant plus de cohésion aux efforts des très
nombreux amis des aveugles et des soldats blessés
aux yeux.

Projet d'assistance générale du sénateur Labrousse.
— Voici, d'après M. le professeur Truc, de Montpellier,
l'économie de ce projet. Le sénateur Labrousse esti-
mait que tout aveugle indigent a droit à l'assistance et
qu'il faut assurer son entretien à l'âge adulte, soit par
une pension viagère de 280 francs, s'il est impotent, ou
âgé, soit par le travail de l'atelier, s'il est encore valide.
Le projet maintenait les écoles nationales et régionales
pour les enfants, et prévoyait la création de cliniques

spéciales pour combattre la cécité. Il entraînait, selon l'appréciation de l'honorable parlementaire, une dépense annuelle de 4 millions de francs supportée moitié par l'Etat, moitié par les départements. Il serait ouvert au ministère de l'Intérieur (participation de l'Etat aux dépenses des services d'assistance à donner aux aveugles) un crédit de 2 millions de francs, qui serait réparti annuellement, proportionnellement aux sacrifices consentis par les départements, entre les établissements ci-après : hospice national des Quinze-Vingts, 1 million ; cliniques régionales, installées auprès des facultés, ou écoles en plein exercice, 150.000 francs ; écoles, ateliers régionaux, asiles, hospices à désigner, 850.000 fr., soit au total 2 millions. On pourrait ainsi, écrit le Dr Truc, éloigner de la mendicité dégradante et onéreuse des milliers de malheureux, qui s'y adonnent aujourd'hui presque fatalement.

L'assistance privée aux aveugles.

Un certain nombre d'associations ont été créées dans le but de venir en aide aux aveugles. La plupart d'entre elles ont une action régionale et ont leur siège dans de grandes villes comme Lyon, Marseille, Bordeaux, Lille, Toulouse. L'Association Valentin Haüy seule (1) exerce

(1) Il existe pourtant, depuis quelques mois, une nouvelle association, « l'Amitié des aveugles de France », dont les membres sont tous privés de la vue et dont l'action s'exerce sur l'ensemble du territoire français. Elle a pour but, dit l'article premier de ses statuts : d'établir des rapports amicaux entre tous les aveugles, de les

son activité sur l'ensemble du territoire. Toutes ces œuvres pratiquent l'assistance sous ses formes diverses soit en contribuant pécuniairement à l'entretien des indigents, soit en facilitant le placement et l'écoulement des produits des travailleurs, en mettant en un mot à la disposition de tous les Français privés de la vue les moyens moraux et matériels susceptibles de rendre leur vie possible, plus utile, voire même plus agréable. Elles poursuivent toutes un but noble et éminemment humanitaire, matérialisant de généreuses idées. Pourquoi faut-il que de mesquines querelles les divisent ? Trop souvent les activités se heurtent, se contrarient et s'annihilent et nos chers aveugles, objets de tant d'amour, pour la libération desquels nous devons employer : intelligence, cœur, argent et efforts, deviennent parfois les jouets d'intrigues de personnes, sont ballottés en quelque sorte entre les différentes œuvres et souffrent singulièrement de cet état de choses regrettable.

La personnalité des individus doit rester sacrée et intangible.

Il faut s'unir dans la poursuite du but commun avec pour *Credo* la seule volonté de faire le bien. Le bien ne s'analyse ni ne s'interprète, et c'est seulement tenter de

faire mieux apprécier du public, de servir leur cause commune en toutes circonstances, et par tous les moyens à sa disposition, de lutter pour eux contre l'indifférence, et le cas échéant, contre l'injustice.

le faire si l'on mêle à une activité généreuse issue du devoir de solidarité des aspirations d'ordre confessionnel, politique ou personnel. Le bien ne doit pas être payé en retour par un abandon de « soi ». Il ne doit pas porter d'étiquette ni être la conséquence d'un calcul.

Comment il faut concevoir l'assistance aux aveugles. — « Il ne faut pas, a écrit M. de la Sizeranne, que la pratique des secours, aussi respectable qu'elle soit, donne le change à l'opinion publique. Les corporations vouées au soulagement des malheureux sont nécessaires sous le régime de liberté qui permet aux vicieux et aux imprévoyants de créer des familles misérables. Mais elles sont loin d'être complètement bienfaisantes. » Nous sommes aussi convaincus que l'assistance n'est qu'un palliatif. Comme elle est fréquemment pratiquée, on risque non seulement de ne pas guérir le mal, mais on risque de l'aggraver. Ce n'est pas l'assistance qui est un mal social, c'est la façon dont elle est trop souvent comprise même par les pouvoirs publics. Les hommes sont égoïstes : ils préfèrent dépenser plus d'argent et moins d'efforts. C'est moins la souffrance elle-même qu'ils veulent faire disparaître que le spectacle de cette souffrance. Comme elle est juste la pensée du poète :

« La façon de donner vaut mieux que ce qu'on donne ! »

Tandis que nos lois d'assurances sociales sont fondées sur le travail et l'honneur des ouvriers, nos lois d'assistance constituent des instruments de progrès bien imparfaits, puisqu'elles enregistrent et même peut-être accentuent la quasi-déchéance de ceux qui en ont le bénéfice. Il y a moins d'inaptes sociaux qu'on a tendance à le croire. Seulement l'Etat, les pouvoirs publics, les associations et les particuliers devraient faire mieux que les nourrir. Ils devraient tout tenter pour leur conserver ou leur rendre l'amour du travail et faciliter tous l'apprentissage et l'exercice d'une profession.

CHAPITRE IV

I

Les aveugles sont-ils éduquables ? S'ils le sont, quelles mesures ont été prises ou doit-on prendre pour permettre leur éducation et leur instruction ? Telles sont les questions auxquelles nous nous efforcerons de répondre en ce chapitre.

Il ne convient pas en cette matière de se laisser aller ni à l'optimisme qui aveugle et qui trompe, ni au pessimisme qui paralyse. Il ne faut pas, parce que nous connaissons un homme politique, des docteurs ès lettres et philosophie, des avocats, des poètes, de grands musiciens aveugles, en inférer que tous les aveugles sont capables d'honorer la carrière politique, les sciences, les lettres, les arts et le barreau. Le penser serait un leurre et une faute. Mais il ne faut pas croire non plus, parce que l'on aura rencontré des aveugles inintelligents et inhabiles à toute profession, que tous sont insusceptibles d'exercer un métier et doivent rester ignorants. Ce serait une erreur funeste. Ce qu'il faut savoir, c'est que les aveugles, comme les autres hommes, sont inégalement doués de facultés diverses, les uns ayant reçu de la nature les dons les plus riches et les plus heureux de l'intelligence et de l'adresse, les autres en étant privés, ou moins bien pourvus. En somme, conformément à la distinction que nous avons établie (1), nous pouvons diviser les aveugles en aveugles normaux et anormaux, tous éduquables, mais qui le sont par des moyens différents.

Nous devons nous efforcer d'éduquer et d'instruire les aveugles. Cela est nécessaire pour qu'ils entrent en possession de leurs facultés. Sans le défrichement de leur esprit et l'apprentissage du métier qui leur permettra de gagner leur vie, ils ne constitueraient que d'insignifiantes valeurs sociales. De plus, si l'on a reconnu aux hommes en général, aux Français en particulier, le droit à l'instruction, et si l'on a transformé ce droit en une obligation, pourquoi les aveugles ne participeraient-ils pas à ce droit, ne seraient-ils pas soumis à cette obligation ? Deux arguments, l'un pratique et moral, l'autre d'équité et d'égalité, militent donc en faveur de l'instruction des aveugles.

Utilité des écoles spéciales.

Cela posé, quels sont les moyens d'obtenir le plus aisément et le plus complètement ces résultats ? Autrement dit, si nous posons le problème de façon concrète, les aveugles peuvent-ils suivre utilement les classes de

(1) Se reporter p. 20.

clairvoyants ou est-il préférable d'instituer pour eux des écoles spéciales ?

Envisageons ce problème aux trois points de vue des aveugles, des clairvoyants et des maîtres.

1° Il est certain que le contact d'élèves aveugles et clairvoyants peut avoir, d'heureuses conséquences. Peut-être arrachera-t-il ceux-ci à leur naturelle torpeur. Ceux-là pourront devenir plus réfléchis, moins égoïstes, plus humains. Les petits aveugles apprendront aussi quelques faits. Mais on leur en inculquerait de plus nombreux et de bien plus précis où l'enseignement serait approprié aux conditions particulières dans lesquelles ils travaillent. De plus (et ce n'est pas négligeable) on y combattra et y réfrénera avec une délicatesse plus grande et une plus certaine efficacité leurs tics ridicules et leurs habitudes mauvaises.

Enfin à l'école spéciale, on sera en mesure de leur enseigner une profession, leur gagne-pain futur, dont ils ne pourraient vraisemblablement faire ailleurs l'apprentissage. Ils y acquerront en somme toutes connaissances utiles aux aveugles, y fréquenteront des maîtres ayant vécu sans leurs yeux qui les conseilleront, et ce faisant, ils seront d'autant moins infirmes qu'ils se seront plus complètement assimilés les moyens des « aveugles ». Il y a, certes, intérêt à les voir se mêler aux jeux et aux conversations de leurs camarades clairvoyants. Mais ne le peuvent-ils pas avec leurs frères et leurs petits amis, même s'ils sont dans une école spéciale? Et puis, si nous préconisons ce mode d'instruction, ce n'est pas que nous souhaitions les arracher à la vie ordinaire. Notre but, c'est de leur rendre les moyens et les forces qu'ils n'ont pas naturellement pour qu'ils vivent avec tout le monde, comme tout le monde.

Mais ce qui nous paraît peu pratique pour les écoles primaires ordinaires doit être envisagé autrement lorsqu'il s'agit pour les aveugles de suivre les cours de l'enseignement secondaire ou supérieur. Nous sommes en effet convaincus qu'ils seront en mesure de le faire facilement si toutefois ils connaissent parfaitement tous les procédés spéciaux aux aveugles. Il se peut même que des sujets exceptionnellement doués et aidés tirent profit de l'enseignement primaire ordinaire, tel fut notamment l'exemple du jeune Blanchard (1), de Bordeaux. Selon l'expression de Mlle Extrait, l'école primaire ordinaire ne pourra jamais être pour l'aveugle que le vestibule de l'école spéciale.

2° Il est indéniable que travaillant et jouant avec leurs camarades privés de la vue, les élèves clairvoyants apprendraient à les connaître, deviendraient plus humains et se familiariseraient avec les procédés spéciaux des aveugles qui seraient ainsi répandus. De tels résultats auraient leur valeur. Mais ici, nous ne voulons nous préoccuper que des aveugles.

(1) Lire la lettre de M. Berger, instituteur à l'école Solférino de Bordeaux, au docteur Ginestous, dans la thèse du D' Default, p. 71.

3° Des aveugles, suivant les classes primaires ordinaires, la tâche des maîtres sera singulièrement ingrate. Ils ignorent, en effet, le plus souvent les conditions de travail des aveugles, leur écriture spéciale, l'outillage particulier qui leur est indispensable. En serait-il même autrement que Mlle Extrait, l'admirable sous-directrice de l'école municipale des jeunes aveugles de Lyon-Villeurbanne, pourrait affirmer encore qu'ils s'en occuperaient trop ou pas assez et qu'ils seraient dans la pénible alternative de manquer à leurs devoirs vis-à-vis de leurs élèves clairvoyants ou de leurs élèves aveugles. Des expériences ont été tentées dans cet ordre d'idées en Angleterre, aux Etats-Unis et en France, à Lille. Pour obtenir des résultats convenables, il a fallu partout adjoindre des maîtres aveugles ou spéciaux aux maîtres ordinaires, organiser des cours dans lesquels on enseignait aux enfants privés de la vue ce qu'on leur aurait enseigné à l'école d'aveugles.

Nous devons donc conclure :

1° Que tout en laissant la voie ouverte aux exceptions, les aveugles ont intérêt à suivre les cours d'écoles spéciales qui grâce à un outillage et des moyens particuliers leur donneront un enseignement convenable et les armeront pour la vie ;

2° Qu'ils sont en mesure de recevoir l'enseignement secondaire et supérieur parmi les clairvoyants s'ils sont munis de tous les moyens particuliers dont disposent les aveugles.

Il résulte de ce qui précède que des écoles spéciales convenablement outillées et en nombre suffisant sont nécessaires. Or, on sait qu'il en existe en France ; que des centaines d'enfants aveugles ont bénéficié de leur enseignement et après les avoir fréquentées ont été jetés dans la vie avec un patrimoine moral et des connaissances professionnelles appréciables. Est-ce à dire que les résultats acquis en France correspondent aux progrès réalisés à l'étranger, en Angleterre et en Amérique surtout, que l'enseignement des aveugles ne peut être amélioré, le régime scolaire modifié ? L'examen seul du statut des écoles d'aveugles françaises, comparé avec celui des établissements étrangers, des méthodes de direction, d'enseignement et de travail, peut nous permettre de répondre à ces questions.

II. — Situation actuelle.

Les écoles (1). — On compte en France de nombreuses écoles où un enseignement de degrés et de nature variables est donné aux aveugles. La plupart d'entre elles sont mixtes. Plusieurs ne reçoivent que des filles ou des garçons. Quelques-unes ont même ré-

(1) Établissements d'enseignement français ouverts aux aveugles (1910) d'après la liste dressée et publiée par les soins de l'Association Valentin Haüy, pour le bien des aveugles :

Alençon, rue de la Poterne : f. (*a*).
Amiens, hospice Saint-Victor : g. (*b*) f.

(*a*) f., filles ou femmes.
(*b*) g., garçons.

servé leurs cours (éducation professionnelle) aux seuls adultes. Un certain nombre aussi sont communes aux aveugles et aux sourds-muets. Parmi ces établissements il y en a un national, un départemental, trois municipaux. Les autres sont privés. L'Institution nationale est surtout une école de musique. Les écoles d'accord de

Angers, 53, rue Toussaint : g. f.
Arras, 4, rue des Augustines : g. f.
Auray, la Chartreuse : f.
Bordeaux, 61, rue de Marseille : g.
Bordeaux, 13, chemin des Briques, Talence : f.
Chilly-Mazarin (Seine-et-Oise) : f.
Clermont-Ferrand, 1, rue Sainte-Rose : f.
Deols (près Châteauroux, Indre) : f.
Dijon, 39, rue de l'Ile : g. f.
Laon, Institution Notre-Dame : f.
Larnay (près Poitiers) : f.
Lille, 131, rue Royale : f.
Lille (Ronchin) : g.
Lyon (Vaise), 12, chemin Saint-Simon : f.
Lyon (Villeurbanne), 20, chemin de la Rise : g. f.
Marseille, 2, Montée de l'Oratoire : g. f.
Montpellier, 16, rue Saint-Vincent-de-Paul : g. f.
Moulins, aux Charmettes, Izeure : g. f.
Nancy, maison Saint-Paul : g. f.
Nantes, rue du Frère-Louis : g.
Paris, Cours d'accord, 27, rue de Poissy : h. (c).
Paris, Cours d'accord, 21, rue des Petits-Hôtels : h.
Paris, Frères de Saint-Jean-de-Dieu, 223, rue Lecourbe : g.
Paris, Institution nationale, 56, boulevard des Invalides : g. f.
Paris, Sœurs aveugles de Saint-Paul, 88, rue Denfert-Rochereau : f.
Poitiers, route de Bordeaux : g.
Rouen, 19, route de Neufchatel : g. f.
Saint-Mandé (Seine), école Braille : g. f.
Saint-Médard-les-Soissons (Aisne), g.
Toulouse, 35, rue Monplaisir : g. f.

(c) h., hommes.

Paris et l'école Braille de Saint-Mandé (Seine) sont surtout des écoles professionnelles. Les autres établissements donnent à la fois un enseignement intellectuel, musical et professionnel sans être très spécialisés.

Les écoles d'aveugles dépendent du ministère de l'Intérieur (direction de l'Assistance publique) ou sont placées sous son contrôle et de ce fait sont considérées comme établissements d'assistance. Il faut remonter assez loin dans l'histoire pour trouver l'explication de cette anomalie.

Le ministère de l'Intérieur, créé par l'Assemblée constituante, s'occupait à son origine de l'instruction publique. En 1824, Louis XVIII détacha de l'Intérieur l'Instruction publique pour en faire un ministère spécial et l'Institution nationale des jeunes aveugles resta (on ne sait trop pourquoi) sous la direction de l'Intérieur (section de l'Assistance publique).

Il y a lieu d'être surpris que les aveugles qui ont à remplir tous leurs devoirs de citoyens ne bénéficient pas du droit à l'instruction gratuite et obligatoire, droit que la loi leur a conféré comme aux autres Français en des termes généraux et absolus. L'article 4 de la loi du 22 mars 1882 est en effet ainsi conçu :

« L'instruction est obligatoire pour les deux sexes de six ans à treize ans. »

Mais le législateur ayant estimé avec raison que les aveugles devaient, ainsi que les sourds-muets, recevoir un enseignement spécial, décida (art. 4-2°) qu'un règlement ultérieur fixerait le statut définitif de ces deux catégories d'infirmes. Depuis le vote de la loi sur l'instruction gratuite et obligatoire, plusieurs parlementaires éminents ont exprimé soit à la Chambre, soit au Sénat les aspirations de la grande majorité des aveugles. La Chambre se prononça le 22 mars 1910 sur la proposition Chautard en faveur du rattachement de l'enseignement des aveugles au ministère de l'Instruction publique. A la suite de circonstances diverses le Sénat ne put être consulté, si bien que le vote des dispositions désirées n'est pas encore intervenu. Faut-il le regretter ? C'est notamment ce que nous apprécierons en ce chapitre.

Nombre des élèves. — Un peu plus de neuf cents élèves étaient scolarisés en 1910, année à laquelle nous nous reporterons souvent puisqu'elle est l'époque de la publication de nombreux documents concernant les aveugles, et notamment l'important ouvrage de M. de la Sizeranne intitulé : *La question des aveugles en France, en 1910.* Ce nombre n'a pas varié sensiblement dans les années qui ont précédé la guerre. Il ne nous paraît pas proportionné aux résultats obtenus par la statistique.

Il est vrai que la plupart des aveugles ont perdu la vue entre trente et soixante ans. Il reste cependant plus de deux mille cinq cents mineurs que l'on doit instruire. Des raisons nombreuses de cet état de fait regrettable peuvent être énumérées.

1° Certains aveugles (qui se comptent hélas ! par centaines) ne sont pas susceptibles de recevoir un enseignement quelconque ou sont considérés comme « incapables » par les leurs. Pourtant ces êtres, sur l'esprit en même temps que sur la vue desquels un voile opaque est étendu, méritent notre sollicitude, car s'ils ne pourront jamais être que de médiocres valeurs sociales, ils auront la possibilité d'atteindre cette « médiocrité » grâce à des méthodes particulières et une organisation appropriée.

2° Quelques aveugles riches sont instruits soit chez eux par des maîtres aveugles ou voyants, soit à l'école ordinaire dont ils suivent les cours après leur initiation préalable aux procédés spéciaux.

3° Il est aussi des parents ignorants, habitant loin des villes, qui laissent grandir leurs enfants dont les yeux sont fermés à la lumière à la manière de petits animaux domestiques. D'autres, criminels ceux-là, les méprisent, parfois même les font mendier, exploitent indignement leur infirmité, évitant ainsi l'attente laborieuse d'un gagne-pain incertain dans quelque établissement d'éducation. Si la société a d'impérieux devoirs à remplir à l'égard de ses membres infirmes, les parents de ces derniers doivent aussi avoir la claire conscience de leurs obligations dont trop de fois ils n'ont pas la compréhension ou l'intuition. Ils devraient tous connaître et méditer les conseils que des personnes compétentes leur ont donnés et que l'Association Valentin Haüy

pour le bien des aveugles a publiés sous le titre : *Instruction pour la première éducation des enfants aveugles.*
Ces prescriptions paraissent terre à terre au profane,
mais sont essentielles à l'œuvre de résurrection sociale
dont nous voulons être l'un des ouvriers, sachant bien
que pour être des hommes utiles, les enfants doivent
être, sinon façonnés sur un modèle unique, du moins
surveillés, dirigés, en un mot « éduqués » rationnellement.

*Instruction pour la première éducation des enfants
aveugles.* — Il n'y a pas un seul enfant aveugle, riche
ou pauvre, auquel les conseils qui vont être donnés
ici ne puissent s'appliquer. En effet, tous les enfants
aveugles ayant le bonheur de posséder des parents dé-
voués et « intelligents » sont élevés d'après ces principes. Parents, faites donc ce que tant d'autres font et
votre enfant vous devra son bonheur ; il pourra, l'expérience le prouve, arriver un jour à gagner honora-
blement sa vie. Si vous ne le faites pas, vous serez
impardonnables, votre enfant deviendra un embarras,
une pesante charge pour tout le monde, sera malheureux de ne se sentir bon à rien, et un jour viendra où,
en apprenant que beaucoup d'autres gagnent leur vie
par leur travail, s'occupent utilement et agréablement,
cet enfant sentira cruellement ce qui aura manqué à sa
première éducation et pourra vous reprocher d'être la
vraie cause du malheur de sa vie.

1° Apprenez à l'enfant aveugle à marcher seul, au

même âge que vous l'apprendriez à l'enfant clairvoyant.

2° Ne l'obligez pas à rester à la même place, mais au
contraire saisissez toutes les occasions de le faire marcher, monter et descendre des étages et apprenez-lui à
trouver son chemin d'abord dans la chambre, ensuite
dans la maison, puis plus tard autour de la maison et
même plus loin. Le plus tôt possible apprenez à l'enfant
aveugle à s'habiller et à se déshabiller seul, à nouer et
dénouer lui-même ses cordons, à se laver les mains et
la figure, à se moucher, etc..., à vaquer en un mot à
tous les soins matériels de propreté et d'entretien.
L'aveugle peut faire tout cela aussi jeune que le clairvoyant, il suffit de lui apprendre comment on le fait.

4° Apprenez de même à l'enfant aveugle à manger
seul, à se servir proprement de la cuiller, de la fourchette, et un peu plus tard du couteau. Ici il faut lui
expliquer avec détails comment se fait chaque chose,
car on comprendra qu'il ne peut copier les gestes des
autres personnes, comme cela est fait par les enfants
clairvoyants.

5° Surveillez très attentivement la tenue de l'enfant
aveugle qui, ne voyant pas comment tout le monde se
tient, est beaucoup plus exposé que d'autres à prendre
de mauvaises habitudes et des attitudes disgracieuses,
laides et même ridicules, qu'il est plus tard très difficile
de lui faire perdre et qui peuvent beaucoup lui nuire
aux yeux du public. En un mot, exigez que l'enfant

aveugle ait le même maintien qu'un enfant clairvoyant bien élevé. Veillez, par exemple, à ce qu'il ne porte pas les doigts à ses yeux, à ce qu'il ne balance pas la tête, à ce qu'il ne laisse pas pendre ses mains et ses jambes, qu'il n'ait pas des mouvements étranges, qu'il ne fasse pas de grimaces, que, debout ou assis, il ne soit jamais courbé ou affaissé sur lui-même, et qu'il se tourne toujours du côté de la personne à laquelle il parle.

6° Il faut que l'enfant aveugle joue, mais le plus souvent il sera obligé de jouer seul, ou avec un seul camarade, ne pouvant prendre part qu'à un petit nombre de jeux de clairvoyants de son âge. Il est donc nécessaire de lui apprendre à jouer et on doit choisir de préférence les jeux qui nécessitent l'usage de l'ouïe ou du toucher. Les jeux de cache-cache, de colin-maillard sont très bons si l'aveugle a deux personnes qui puissent jouer avec lui.

7° Comme l'enfant aveugle ne peut prendre de l'exercice en plein air aussi facilement que les enfants clairvoyants, ayez soin de le faire beaucoup promener. En outre, son infirmité le prédisposant à rester en place ou à se mouvoir lentement, tous les genres d'exercices à l'air lui sont bons, en hiver comme en été.

8° L'enfant doit apprendre de bonne heure à s'utiliser dans la maison, en se chargeant des ouvrages qu'il peut faire, comme essuyer les meubles, laver les vitres, écosser les pois, peler des pommes de terre, gratter des carottes, dévider du fil, écaler les noix et les amandes,

les casser pour l'huile, tiller le chanvre et même puiser
de l'eau. A un âge plus avancé, il fera sécher le linge,
nettoiera les habits, balayera, fera les lits, lavera la
vaisselle, battra le beurre, pétrira la pâte, tournera la
meule, traira les vaches, donnera la nourriture aux animaux ; dans le jardin, il pourra cueillir des fruits, de
l'herbe pour les lapins, sarcler et même bêcher, pous-
ser une brouette, porter de petits fardeaux, etc.

9° Occupez l'enfant aveugle avec des travaux manuels
faciles, tels que le gros tricot, le crochet, le tressage, le
filet, le découpage du papier avec des ciseaux arrondis,
etc. Même lorsque ces petits travaux ne peuvent pas
être utilisés tout de suite, ils sont très profitables à l'enfant dont ils développent l'adresse manuelle.

10° En un mot, élevez l'enfant aveugle comme étant
destiné à vivre parmi les clairvoyants, et comme devant,
par sa tenue, par les habitudes de sa vie et par son travail, en différer le moins possible.

11° Parlez souvent à l'enfant aveugle car, ne pouvant
lire sur la figure de ses parents la tendresse dont il est
l'objet, il a besoin d'entendre leur voix plus souvent
qu'un autre enfant.

Quand il saura parler, interrogez-le souvent sur ce
qu'il entend, sur ce qui l'entoure ; fournissez-lui l'occasion de vous questionner fréquemment, et répondez
toujours affectueusement et avec détails à ses demandes
enfantines.

12° Si, en général, il faut prendre garde aux paroles

que l'on prononce en présence des enfants, cette prudence devient de la plus haute importance à l'égard des enfants aveugles. Ceux-ci, ne recevant qu'un petit nombre d'impressions sur lesquelles, faute d'autres éléments, se concentre leur pensée, écoutent très attentivement. Le souvenir ne s'efface pas aussi vite chez eux que chez l'enfant clairvoyant, qui parfois reçoit dans le même moment les impressions les plus diverses. Par conséquent, dans bien des cas, l'enfant aveugle remarquera et se rappellera des paroles que l'enfant clairvoyant n'écoutera même pas.

Quand vous parlez devant un enfant aveugle, pensez toujours que cet enfant écoute vos paroles avec attention, avec avidité, que rien ne lui échappe, qu'il cherche à tout comprendre et que la conversation inconsidérée que vous aurez eue en sa présence deviendra l'objet de ses réflexions de plusieurs heures, quelquefois même de plusieurs jours.

13° On peut donner à l'enfant aveugle une instruction morale au même âge qu'à l'enfant clairvoyant. Celui-ci reçoit souvent cette instruction avant de savoir lire, alors qu'il se trouve par conséquent dans les mêmes conditions que l'aveugle.

14° Il est encore beaucoup plus important pour l'enfant aveugle que pour l'enfant clairvoyant d'être toujours occupé, soit par le jeu, soit par le travail.

15° N'exprimez jamais devant l'enfant aveugle la douleur que vous éprouvez de le voir privé de la vue, vos gémissements ne serviraient à rien et ne feraient que décourager votre enfant qui, le plus souvent, ne pensera même pas à se plaindre de son sort si vous ne lui en donnez pas l'exemple. Encouragez-le au contraire à travailler, à se passer le plus possible de l'aide d'autrui et, par là, vous le préparez à une vie courageuse, utile et parfois même agréable.

16° Il faut beaucoup exercer la mémoire de l'enfant aveugle, car elle doit lui être un jour fort utile. L'aveugle aime énormément les récits. Faites-lui apprendre et raconter les beaux récits historiques et moraux qui sont dans toutes les mémoires. Faites-lui des lectures à sa portée en toutes occasions.

17° L'enfant aveugle ne se rendant compte des choses matérielles que par l'ouïe et le toucher, pour lui faire connaître un objet matériel quelconque, il est nécessaire qu'il le palpe dans tous les sens, et, s'il s'agit d'espace ou d'étendue, il faut le lui faire mesurer. Mettez-lui donc entre les mains les objets que vous voulez lui faire connaître, exercez-le à distinguer au tact les pièces de monnaie, les étoffes, les plantes et les fruits. Formez son oreille à reconnaître les sons, à distinguer par exemple la voix de telle ou telle personne, le chant de tel ou tel oiseau.

18° Aussitôt que le jeune aveugle aura atteint l'âge auquel les autres enfants commencent à fréquenter l'école ordinaire, on devra solliciter instamment son admission à cette école, en demandant au maître de l'interroger au moins aussi souvent que ses camarades clairvoyants ; ou bien on lui fera donner une instruction particulière dans sa famille jusqu'à ce qu'il puisse être admis dans une école spéciale pour les aveugles. L'âge de dix ans est le plus généralement adopté, toutefois certaines écoles prennent les enfants aveugles dès l'âge de 5 ans. Les directeurs d'écoles d'aveugles seront toujours prêts à donner les instructions nécessaires sur le genre d'éducation et d'occupations qui conviennent le mieux à l'enfant.

L'entrée des enfants aveugles pauvres, l'immense majorité, dans la plupart des écoles spéciales (1), est subordonnée au vote par les conseils-généraux de bourses ou de demi-bourses d'internat. Or les conseils généraux ont tendance à assimiler ces établissements à des asiles ou des hospices, et sont d'une parcimonie excessive qui n'a pour excuse que leur ignorance de la question des aveugles. Il est, certes, triste de constater que pour qu'un enfant aveugle, c'est-à-dire un être mal armé pour la vie et dont il faut faire un « homme social », ait droit à l'instruction, il est nécessaire qu'une bourse (ou une fraction de bourse) soit vacante ou lui soit accordée. Nous trouvons l'expression de ce droit précaire notamment dans une circulaire du ministre de

____

(1) Des associations se sont constituées auprès de la plupart des écoles d'aveugles en vue de les soutenir moralement et de leur donner une aide matérielle. L'école des Sœurs aveugles de Saint-Paul, l'asile des Frères de Saint-Jean-de-Dieu à Paris et l'école de Lyon (Vaise) subsistent grâce à des ressources particulières.

l'Intérieur du 31 juillet 1906 (1). Est-ce bien là interpréter la pensée généreuse et réaliser le désir d'égalité
et d'équité du législateur de 1822 ? Il est vrai que des
concours désintéressés et larges d'œuvres privées et de
personnes charitables viennent parfaire ou compléter
dans une certaine mesure l'action des pouvoirs publics.

(1) Circulaire du ministre de l'Intérieur relative aux écoles d'aveugles du 31 juillet 1906 :

« Dans de récentes circulaires, je vous ai entretenu de la situation
des enfants anormaux en France. Parmi eux, les sourds-muets et les
aveugles qui dépendent entièrement de mon administration doivent
attirer votre attention d'une manière toute spéciale. Il résulte des
dernières statistiques que les établissements actuellement existants
sur le territoire de la République peuvent admettre tous ceux de
ces enfants qui sont âgés de neuf à treize ans, cet âge étant celui
où ils sont reconnus le plus aptes à profiter de l'enseignement spécial qu'ils sont appelés à recevoir. Il appartient en conséquence aux
familles qui ont les ressources nécessaires de contribuer au paiement du prix de la pension, aux départements, aux communes, aux
associations charitables d'accorder des bourses ou des fractions de
bourses, pour assurer le placement de tous ces enfants, autant que
possible dans les établissements de la région à laquelle ils appartiennent. Beaucoup de parents qui pourraient participer à ces dépenses bénéficient de la gratuité complète. Or, il est de toute nécessité
qu'ils contribuent dans la mesure de leurs moyens au paiement du
prix de la pension. De son côté, l'État qui s'impose pour ces enfants
de gros sacrifices est en mesure d'en recevoir un grand nombre dans
les institutions nationales et à ce sujet je vous rappelle que mon administration continuera comme par le passé à accorder des fractions
de bourses aux familles réellement nécessiteuses, à la condition que
la fraction complémentaire et le prix du trousseau soient garantis par
la famille, par le département, la commune ou une œuvre charitable. D'autre part, vous me trouverez disposé à accorder dans les
autres établissements réservés à l'éducation spéciale et à l'enseignement professionnel des enfants sourds-muets et aveugles des fractions de bourses dans la limite des crédits qui seront votés à cet
effet par le Parlement.

Mais il reste certain que ce mode d'alimenter la caisse de ces établissements est défectueux et d'ailleurs il présente bien d'autres inconvénients que nous allons faire apparaître maintenant.

Scolarité. — Les conseils généraux ne délivrent des bourses aux enfants aveugles que pendant huit ou neuf ans. Or, comme l'écrit M. de la Sizeranne, ne pouvant guère être jetés dans la vie avant 18 ou 19 ans, ils n'entrent à l'école que vers 9, 10 ou 11 ans, c'est-à-dire très tard. Il n'est pas rare de voir arriver à l'école un garçon ou une petite fille d'une douzaine d'années ayant vécu jusque-là en animal, gâté par une mère trop tendre ou oublié dans quelque coin par des parents sans cœur. Son esprit est inculte. Il ne sait pas même manger tout seul. Les gestes sont ridiculement gauches. Il a un air hébété, ou morne, parfois même farouche. Et c'est cet enfant auquel il faut tout enseigner, jusqu'à se servir d'une fourchette, à se débarbouiller, à avoir une attitude décente, auquel il convient de donner un *modus vivendi*, dont il faut meubler l'esprit, combattre les défauts, faire un homme sociable et une valeur sociale, en neuf ou même huit années.

Les typhlophiles savent tout cela, mais en France, jusqu'à ce jour, on a peu fait pour remédier au mal, du moins de façon positive. Il y a là une injustice criante et un état de fait incompatible avec l'intérêt des aveugles. En effet, la scolarité obligatoire seule des clairvoyants est de sept ans. Or, tandis qu'ils consacrent ce temps tout entier à la formation de leur esprit, le séjour des enfants privés de la vue, dans les écoles, au lieu d'être complètement réservé à leur instruction, est partiellement consacré à leur apprentissage et dans une large mesure utilisé à les dégrossir, à combattre de fâcheux tics et à réfréner leurs mauvaise· habitudes.

Il serait donc logique et sage de leur accorder un temps de scolarité plus long.

Mais actuellement, on semble ne pas devoir être favorable à une réforme si « nécessaire » cependant. C'est que les assemblées départementales sont à la fois trop persuadées de la similitude qu'elles croient voir entre les écoles d'aveugles et les hospices ordinaires, et trop absorbées par les soucis de l'équilibre budgétaire.

Le cycle scolaire. — Le cycle scolaire, dans les établissements consacrés à l'éducation des aveugles (à moins qu'il soit si indéfini qu'aucun ordre n'y préside) comporte généralement trois classes : celle des petits, celle des moyens, celle des grands. Il n'est pas nécessaire d'être spécialisé dans la pédagogie pour concevoir immédiatement les inconvénients, conséquences d'une telle division. Elle serait détestable pour les clairvoyants qui, le plus souvent, avant d'atteindre le terme de leurs études, passent dans six ou sept classes. Elle est plus fâcheuse encore concernant les aveugles qui disposent par la force des choses de moyens plus faibles et qui doivent travailler dans des conditions infiniment moins avantageuses.

Pour être suivie avec profit par des élèves et pour
que s'exerce normalement la fonction du maître, une
classe doit être homogène.

Elle doit être composée d'élèves dont l'âge, le développement intellectuel sont correspondants. Or, cette
règle simple et impérieuse de pédagogie n'est généralement pas observée dans les écoles d'aveugles. On peut
en effet y voir assis côte à côte, écoutant la même leçon,
pratiquant les mêmes travaux, des élèves dont l'attitude
est naturelle, la tenue correcte, les réponses réfléchies,
l'attention soutenue, dont les facultés sont celles d'enfants clairvoyants laborieux du même âge ; et d'autres
élèves affligés de manières bizarres, qui ont l'air dis-
trait, dont les réponses sont insuffisantes ou qui gardent
parfois, lorsqu'on les interroge, le silence souriant ou
niais des indifférents ou des sourds. Il y a parmi ces
écoliers des aveugles tardifs ou tardivement arrivés
à l'Institution, des mi-voyants, des petits de 9 ans
coude à coude avec de grands garçons, presque des
hommes. Cet état de fait ne peut que compliquer singulièrement et la tâche du maître, et le travail des élèves. Les résultats obtenus sont inévitablement inférieurs
à ceux que l'on serait en droit d'espérer dans des conditions différentes. Pour bien souligner toute l'importance
de la question, nous soumettons à nos lecteurs tout un
fragment du rapport de M. Constançon sur l'école de
l'asile des aveugles de Lausanne, pour l'année 1908,

fragment qu'a déjà cité M. de la Sizeranne en son ouvrage : *La question des aveugles en 1910* (1).

« Nous avons maintenant à peu près ce qu'il nous
faut en fait de manuels, de cartes ; il était urgent de
commencer par là ; maintenant, il s'agit de mettre à
profit ce que nous avons et, pour cela, de remanier
complètement notre plan d'études et notre programme
scolaire.

« La chose est malaisée par la simple raison que
notre école est minuscule et n'a qu'un nombre très
restreint d'élèves. Dans les grands instituts, on peut
avoir six ou sept classes qui se suivent, chacune com-
plétant et développant l'instruction reçue dans la pré-
cédente.

« Comment avoir six ou sept classes avec 23 élèves,
garçons et filles, et chaque classe ayant son maître ?
Ce serait comme dans l'armée mexicaine, où il y a
plus d'officiers que de soldats. Nous sommes donc
obligés de nous organiser autrement. Nous n'avons
que trois classes. Les élèves passent deux ou trois ans
dans chaque classe où les études suivent un certain
cycle. Vous voyez d'ici les grands inconvénients du
système et il n'est pas besoin d'être grand pédagogue
pour voir tout ce qu'a de fâcheux une semblable organisation. Quand les élèves d'une classe inférieure passent dans la classe supérieure, ils sont naturellement

______

(1) *La question des aveugles en 1910.* Notes et documents, note 1,
p. 114 et 115.

en état d'infériorité vis-à-vis de ceux qui y ont passé un ou deux ans déjà. Par la force même des choses, ils arrêtent le progrès de la classe tout entière. Pour les élèves ordinaires, cet arrêt n'a rien de fâcheux, au contraire, il leur est fort utile de reprendre ce qu'ils ont appris. Mais c'est grand dommage pour les élèves intelligents qui ont trop nettement le sentiment de piétiner sur place et de perdre leur temps.

« A cette difficulté, ajoutez encore celle que nous crée l'admission fréquente, hélas, d'enfants de 12 et même 15 ans, des demi-voyants pour la plupart, qui n'ont jamais fréquenté d'écoles, ne savent rien, pas même travailler, et qu'il faut cependant accepter. Il faudrait pour ceux-là une classe spéciale et nous sommes obligés de les caser suivant leur âge et leurs aptitudes dans une de nos classes.

« Vous voyez combien le problème est complexe, nous ne parlons que pour mémoire du manque de place ; nous ne saurions où loger une quatrième classe, n'ayant déjà pas de place pour nos musiciens. Peut-être le système des classes mobiles remédierait-il à ce fâcheux état de chose, mais il laisserait intacte la question des demi-voyants. Beaucoup d'instituts ont créé des classes spéciales pour les retardataires et ont éliminé tout simplement les demi-voyants. Cette dernière mesure simplifie les choses, elle est cependant trop radicale.

« Enfin, nous nous appliquerons à trouver une solution, mais j'ai d'avance le sentiment qu'elle sera boiteuse et ne pourra jamais être qu'un pis-aller. »

Ces quelques lignes, bien mieux que de copieux cha-
pitres, font apparaître l'amère vérité. Mais si grandes
que puissent être les difficultés énumérées de façon saisissante par M. Constançon, nous pensons sincèrement
qu'elles peuvent être aplanies. Mais notre conviction
bien établie, c'est que pour obtenir des résultats meilleurs, pour tirer des aptitudes et capacités des enfants
aveugles le parti maximum, une réorganisation complète des écoles spéciales s'impose, à laquelle on a certes
déjà songé (1), mais sur laquelle nous reviendrons plus
loin. Il est en effet évident (les faits sont éloquents), à
cause de la division du cycle scolaire en un trop petit
nombre de classes, des éléments hétéroclites et dispa-
rates composant la classe que, d'une part, les maîtres ne
pourront que très difficilement remplir leur devoir et
que, d'autre part, les élèves ne pourront pas tirer tous les
avantages souhaitables de l'enseignement, forcément
inégal, quelque peu anarchique et confus qu'ils recevront. Imagine-t-on les obstacles que doit surmonter
un instituteur conscient de ses responsabilités pour
façonner ses leçons à la fois à la maturité, la raison, au
travail ordonné des uns et à l'esprit juvénile, la torpeur,
au mi-sommeil des autres? Et inévitablement, si ardent
et énergique qu'il pourra être, il sera amené à négliger
les uns et les autres.

(1) Voir Boyer, *La cécité en France. Réorganisation de l'enseignement
et de l'assistance dus aux aveugles.* Paris, Masson et Cie, éditeurs,
1908 ; *Les Écoles régionales pour l'instruction primaire et l'éducation
des jeunes aveugles*, rapport présenté par Mlle M. Extrait.

Si tous les typhlophiles sont d'accord en ce qui concerne la nécessité de l'instruction à donner aux aveugles normaux et aux aveugles anormaux, ils doivent de même s'entendre pour qu'ils bénéficient le plus complètement possible de cette instruction, étant considérées les conditions de leur travail respectif. Il n'y a rien, on ne fait rien (du moins de suffisant) sans homogénéité. Les élèves d'une même classe sont des forces qui doivent concourir et qui, par conséquent, sans être égales, doivent du moins être correspondantes. Nous n'ignorons certes pas qu'en ce qui concerne les aveugles arriérés, des mesures ont été prises dans certains établissements, qu'il existe depuis fort longtemps en Saxe et depuis quelques années à Chilly-Mazarin des écoles qui leur sont consacrées, et que le gouvernement français a décidé en 1909 la création de centres de perfectionnement pour les arriérés.

Mais nous croyons devoir insister sur l'intérêt qu'il y a à instruire les individus appartenant à cette catégorie dans des écoles spécialisées parce que, comme l'a écrit M. de la Sizeranne : 1° ils risquent d'entraver les études de leurs camarades ; 2° qu'ainsi on peut tirer un meilleur parti de leurs capacités, même réduites. Il est inutile d'insister sur le premier motif.

Quant au second (savoir : que les aveugles arriérés placés dans une école qui leur est propre tirent un parti meilleur des facultés dont ils disposent), il est certain qu'on pourra plus facilement et constamment vaincre leur gaucherie ou leurs instincts, développer leurs sens, voire même meubler et élargir leur esprit trop étroit. Puis on leur donnera un métier compatible avec leurs moyens pour qu'ils tâchent plus tard d'échapper à l'hospice qui les guette, de gagner leur vie, ou tout au moins la rendre « un peu » moins difficile.

Les maîtres (1). — S'il est vrai que chaque être humain a une personnalité plus ou moins nette, il est aussi incontestable que le milieu, les parents, les amis, le maître de conscience et le maître d'école exercent leur influence sur l'individu qui est, peut-on dire souvent, le produit d'habitudes, de conseils, de leçons. Il est beaucoup ce qu'il est, mais il est aussi ce qu'on l'a fait. Ceux qui assument la redoutable responsabilité de former des hommes intellectuellement doivent être eux-mêmes des hommes d'élite, c'est-à-dire « être » des valeurs morales et posséder les connaissances qui leur permettront d'accomplir leur mission. Cette mission est importante pour tous ceux qui ont l'honneur et la charge d'un enseignement quelconque. S'il s'agit de former et de guider des aveugles, elle est plus délicate encore. En quoi consiste donc le rôle des maîtres à leur égard ? Il consiste à faire de ces enfants gauches, timides, ignorants et misérables des hommes ayant une cul-

(1) Consulter pour cette question et tout ce qui va suivre le rapport de Mlle Extrait, sous-directrice de l'École municipale des jeunes aveugles de Lyon-Villeurbanne, au Congrès des typhlophiles de 1910.

ture générale suffisante et en harmonie avec les besoins et les curiosités du temps, ayant des moyens d'existence par le travail, en un mot de libres et bons citoyens. Tel est l'idéal impossible pour l'ensemble des aveugles, mais vers lequel les énergies des intéressés et l'enseignement de leurs maîtres doivent tendre.

La plupart des professeurs qu'emploient les écoles d'aveugles ont-ils les qualités qu'exige leur tâche difficile ? Il leur faut de l'autorité, du savoir, de la science pédagogique. Nous osons affirmer qu'un certain nombre d'entre eux ne répondent pas à ces conditions. Ils sont en effet le plus souvent mal recrutés. Tous n'ont pas la vocation ou n'ont pas reçu la préparation nécessaire à cet enseignement. Il ne saurait être question de substituer le dévouement des uns ou l'intérêt particulier des autres à la compétence indispensable. Il ne s'agit pas d'arracher à des personnes généreuses la mission que spontanément elles se sont données et de nier les services qu'elles ont rendus. Mais ces services seraient plus grands si des études rationnelles les avaient amenées à l'exercice de leurs fonctions. Rendre service à un individu en le chargeant d'un ou plusieurs cours dans une école spéciale, malgré qu'il n'ait pas les aptitudes nécessaires, c'est enlever à cinq, dix ou vingt enfants ou adolescents le profit moral et peut-être matériel qu'ils auraient tiré d'une autre direction ou d'un enseignement différent. En conséquence, une préparation sérieuse et

des examens la consacrant devraient être les conditions de toute nomination à un poste de professeur
dans les écoles d'aveugles.

Les maîtres des écoles spéciales sont presque tous
aveugles. Si cet état de fait présente certains avantages
(plus d'aveugles ont leur situation assurée, du moins
apparemment), de graves inconvénients en résultent
aussi. Nous ne pouvons entrer ici dans une discussion
longue qui a déjà tenté trop d'esprits. Nous ne voulons
être inspirés que par l'intérêt de la majorité des aveugles. En conséquence, nous écartons délibérément les
solutions absolues, d'après lesquelles l'enseignement
des aveugles devrait être confié uniquement soit aux
aveugles (ce qui est un peu le cas en France), soit aux
clairvoyants, comme en Allemagne et en Italie, nous
pensons avec Mlle Extrait qu'il faut des maîtres aveugles et clairvoyants. Les uns et les autres sont utiles et
on ne peut remplacer les uns par les autres. Pour les
parties de l'enseignement où le toucher, l'ouïe et la mémoire ont un rôle prépondérant et pour les études spé-
culatives, les aveugles sont égaux ou supérieurs aux
clairvoyants. L'éducation physique (gymnastique,
maintien, etc...) et les matières ayant un caractère
descriptif seront confiées aux clairvoyants. Il paraît
évident que la surveillance leur revient et qu'ils
formeront toujours ou presque toujours de meilleurs
directeurs que des aveugles, même remarquablement
doués. Nous reviendrons sur ces points lorsque nous

examinerons les solutions que nous proposons aux divers problèmes posés en ce chapitre.

Il convient enfin d'insister sur ce fait-navrant que la situation des maîtres aveugles ne correspond pas à l'importance de leurs fonctions. Il y a un minimum au-dessous duquel on ne devrait pouvoir descendre et qui découle des nécessités de la vie. Mais que faire, si ce n'est espérer qu'un jour prochain ils seront fonctionnaires du ministère de l'Instruction publique.

Méthodes, programmes et moyens. — De bonnes méthodes scolaires sont celles qui permettent l'exécution la plus rapide, la plus parfaite et la plus utile des programmes scolaires. De bons programmes scolaires doivent être établis pratiquement, c'est-à-dire que les matières enseignées doivent être de nature à rendre aux élèves les services les plus grands. De bons moyens enfin peuvent seuls conduire à l'application rationnelle des méthodes, à l'exécution pratique des programmes, en un mot, aux résultats cherchés. Il ne peut être question, en ce qui concerne les aveugles, de programmes, de moyens et de méthodes uniformes, le directeur d'établissement et le pédagogue ayant à tenir compte des aptitudes et tendances individuelles. Cependant, si des chemins divers les mènent à la vie normale, il en est un meilleur que les autres et qu'il est préférable de prendre. Or, il est malheureusement certain — et les explications données notamment ci-avant corroborent notre façon de voir — qu'il n'existe pas, le plus souvent, de plan général d'études bien établi, les méthodes sont trop subjectives, l'enseignement n'est pas assez empirique ou souffre de l'absence de directives et l'outillage scolaire proprement dit ou professionnel est d'une imperfection telle qu'il est parfois difficile aux enfants privés de leurs yeux de tirer tout le parti souhaitable de leur apprentissage.

Le dévouement ne saurait se substituer à la science pédagogique, le hasard à la méthode fondée sur l'expérience. Il ne faut pas non plus s'endormir sur les lauriers acquis. La routine étouffe l'énergie et elle est la règle. On en peut constater les effets négatifs dans la plupart des écoles spéciales, même dans cette Institution nationale (1) dont la France a bien le droit de concevoir un légitime orgueil, mais qui ne représente pas, comme nous le voudrions, les conséquences heureuses d'une permanente évolution. « Evoluer, faire mieux », telle devrait être la seule devise acceptable par ceux qui ont reçu la redoutable mission de préparer au « struggle for life » nos enfants aveugles.

(1) M. Albert Léon, dans sa conférence « La situation des aveugles en France », faite le 24 décembre 1909 (*Revue philomatique de Bordeaux et du Sud-Ouest*, mai et juin 1910), disait : « Au vrai, aucun plan bien arrêté ne préside aux études littéraires et scientifiques à l'Institution nationale : les maîtres y procèdent au gré de leurs préférences, dans des leçons où la méthode orale prend une place encore beaucoup trop considérable. Les livres d'étude sont fournis par une imprimerie attachée à l'établissement, et presque tous ont pour auteurs les maîtres eux-mêmes. Les autres ouvrages ne sont pas au courant des dernières méthodes et des derniers progrès. »

Cependant, s'il convient d'accuser « sainte Routine » en cette matière, il ne faut pas oublier que la plupart de nos écoles sont pauvres d'argent. Or, un outillage moderne et nécessaire (tablettes Braille, cubaryth-mes (1), machines à écrire en noir ou à écrire le Braille, cartes de géographie, manuels et livres de toute sorte, des matières premières pour les ouvriers et des instruments de musique parfois très coûteux) occasionne des frais considérables. Et sauf l'Institution nationale et l'École départementale de Saint-Mandé qui reçoivent de larges subventions et ont de ce fait un budget assez souple, les établissements consacrés à l'enseignement des aveugles ne subsistent que grâce aux pensions variant de 400 à 600 francs, votées par les conseils généraux et parfois complétées par les libéralités du ministère de l'Intérieur, d'œuvres et de personnes privées. De même que la prospérité économique d'un pays peut être fonction de la constitution qu'il s'est choisie ou qu'on lui a donnée, de même il est juste de penser que les méthodes, programmes et moyens en usage dans les écoles d'aveugles dépendent de la forme administrative, du budget, en un mot de la constitution intérieure de ces écoles. La question est complexe et mériterait de longs développements. Mais ces développements trouveront, nous l'espérons, quelque jour prochain leur place en un ouvrage inspiré des réalités sur la « pédagogie spéciale des aveugles ».

(1) Le cubarythme est un appareil à calculer.

*Résumé de la situation scolaire actuelle des aveu-
gles.* — 1° Le nombre des enfants aveugles fréquentant
les écoles spéciales est nettement inférieur à celui des
aveugles en âge de scolarité à cause de :

A) L'imprévoyance ou l'ignorance des familles.

B) De la proportion relativement forte d'enfants
inéduquables ou présumés tels.

C) De la parcimonie des conseils généraux, pour-
voyeurs en bourses d'internat.

2° Le temps limité par la durée de la bourse pendant
lequel ils peuvent recevoir l'enseignement spécial est
trop court.

3° Les écoles sont trop nombreuses, insuffisamment
peuplées et pourvues d'argent.

4° Les maîtres sont souvent inférieurs à leur tâche ou
ne s'en acquittent pas rationnellement, cela, soit à
cause du manque plus ou moins complet de préparation
à leur profession, soit à cause de la division des attribu-
tions, mal faite entre maîtres clairvoyants et aveugles.

5° Les programmes et les méthodes scolaires sont
insuffisants. Les moyens ne correspondent pas aux nécessités actuelles et au progrès.

Telles sont, infiniment résumées, les remarques générales que nous avons cru devoir faire au cours de
l'examen attentif de la situation des écoles d'aveugles
françaises. Elles nous conduisent à penser que des
réformes sont nécessaires et permettront seules d'atteindre les résultats que nous voulons obtenir.

III. — Les réformes nécessaires.

Le but. — Les aveugles, malgré leur infirmité, qui doit être considérée comme une gêne plutôt que comme un obstacle définitif, étant susceptibles, dans des conditions données, de cultiver leur esprit et leurs sens et d'apprendre un métier, tous les efforts doivent tendre à réaliser ces conditions, afin qu'ils bénéficient d'une culture générale convenable et d'un apprentissage tels que, sortis de l'établissement où ils auront fait leurs études, ils gagnent honnêtement et facilement leur vie ou soient le moins possible à la charge de la société. Si l'école a pour le clairvoyant une incontestable importance, elle est « essentielle » pour l'aveugle. Sans elle et l'appui qu'elle ne devra pas cesser de lui donner, même après l'avoir quittée, il ne pourra rien ni ne sera rien, puisqu'outre l'enseignement intellectuel elle donne l'enseignement professionnel, pour l'examen des principes duquel nous renvoyons le lecteur au chapitre intitulé : « Les aveugles au travail. » Il ne ut pas oublier non plus que l'enfant privé de la vue reçoit aussi à l'école spéciale des leçons de bonne tenue et de savoir-vivre que seuls des parents bien éduqués pourraient lui donner et qui contribueront à sa réussite dans la vie.

Le but des écoles d'aveugles étant défini, la nécessité de leur existence ne faisant aucun doute, d'une part, et les vices d'organisation de ces établissements ayant été fortement esquissés d'autre part, nous en concluons que des réformes sont nécessaires : le rattachement des écoles d'aveugles au ministère de l'Instruction publique et la création d'écoles régionales.

Le rattachement de l'enseignement des aveugles au ministère de l'Instruction publique. — Avant 1910 il fut plusieurs fois question de provoquer l'application aux aveugles de la loi sur l'instruction gratuite et obligatoire. Mais toujours l'inertie ou le doute avait empêché que la réforme aboutît. On peut dire que les articles 7 et 8 de la loi du 28 mars 1882 sont restés lettre morte pour les aveugles, malgré leur indéniable importance. Ces articles sont ainsi conçus :

Art. 7. — Le père, la mère, le tuteur, la personne qui a la garde de l'enfant, doit, quinze jours avant la rentrée des classes, faire savoir au maire de la commune s'il entend faire donner à l'enfant l'instruction dans la famille, dans une école publique ou privée ; dans ces deux derniers cas, il indique l'école choisie.

Art. 8. — Chaque année le maire dresse la liste des enfants d'âge scolaire et avise les personnes qui ont charge de ces enfants de l'époque de la rentrée des classes. En cas de non-déclaration, quinze jours avant l'époque de la rentrée, de la part des parents et autres personnes responsables, il inscrit d'office l'enfant à l'une des écoles publiques et en avertit la personne responsable.

Bien des tentatives, il est vrai, furent faites en vue d'améliorer le sort des écoliers aveugles ou même d'as-

surer à tout enfant privé de la vue la facilité de s'instruire. Ainsi fut voté l'article 37 de la loi du 27 juillet
1893 ainsi conçu :

« Les instituteurs et institutrices exerçant da ns les
écoles primaires, annexées aux établissements de bienfaisance et d'assistance publique, fondées et entrete-
nues par l'Etat, les départements et les communes,
pourvu qu'ils remplissent les conditions de capacité
déterminées par les lois scolaires, sont au nombre des
instituteurs et institutrices publics. »

Malheureusement, ce texte est resté presque inopé-
rant par la force des choses. Seules quelques écoles,
comme celles d'Asnières pour les sourds-muets et de
Lyon-Villeurbanne pour les aveugles, en bénéficient.

Puis ce fut la proposition Emile Rey-Bayral dont le
but était de compléter la loi du 14 juillet 1905 sur
l'assistance aux infirmes et aux incurables, lors de sa
discussion au Sénat, par les dispositions suivantes,
rédigées en deux articles :

« 1° L'article 1er de la loi du 14 juillet 1905 s'applique
aux mineurs âgés de moins de seize ans, atteints d'une
infirmité ou d'une maladie incurable, indigents ou dont
les parents sont indigents.

2° Un règlement d'administration publique déterminera les conditions d'application de la loi aux mineurs,
désignés en l'article 1er, notamment en ce qui concerne
leur instruction spéciale et professionnelle. »

En 1905 fut instituée au ministère de l'Instruction

publique une commission qui, sous la présidence de M. Léon Bourgeois, fut chargée d'étudier les moyens propres à assurer l'instruction primaire à tous les anormaux, sourds-muets et aveugles. Les travaux de cette commission furent consacrés par la loi du 15 avril 1909 qui créa des classes de perfectionnement sur plusieurs points du territoire. MM. Buisson et Tournade demandèrent à la Chambre vainement qu'à l'article 82 de la loi de finances du 17 avril 1906 fut ajouté le paragraphe suivant :

« Les écoles d'aveugles et leurs professeurs dépendront uniquement du ministère de l'Instruction publique, le ministère de l'Intérieur n'intervenant qu'au point de vue assistance pour fournir aux aveugles des bourses d'internat dans les écoles spéciales. »

Enfin le 23 mars 1910, la Chambre des députés votait à l'unanimité la proposition Chautard, dont le sens large et la nécessité échappèrent, sans doute, à la majorité des membres de la Commission sénatoriale, chargée de l'examiner, puisqu'elle ne fut pas discutée par la Haute assemblée.

Proposition de loi Chautard (séance de la Chambre des députés du 23 mars 1910) ayant pour objet la création et le fonctionnement d'établissements d'enseignement publics pour les aveugles et les sourds-muets.

ART. 1er. — Les établissements nationaux des aveugles et des sourds-muets sont rattachés au ministère de l'Instruction publique.

Art. 2. — Des écoles pour les aveugles et les sourds-muets peuvent être créées par voie de décrets sur la demande des départements et des communes. Ces écoles, qui donnent à la fois l'instruction générale et l'instruction professionnelle, peuvent continuer la scolarité jusqu'à l'âge de 18 ans. Elles comportent nécessairement le régime de l'internat, mais peuvent recevoir des élèves externes. Elles sont mises au nombre des établissements publics.

Art. 3. — La subvention accordée par l'État pour les dépenses de première installation, d'appropriation et d'agrandissement sera fixée dans des proportions déterminées par l'article 7 de la loi du 20 juin 1885. Les travaux devront être exécutés conformément au plan approuvé par le ministre de l'Instruction publique, régulièrement reçu.

Art. 4. — Les dépenses ordinaires des écoles d'aveugles et de sourds-muets sont supportées par les départements et communes fondateurs. Les dépenses de l'enseignement sont à la charge de l'État, dans les conditions prévues pour les écoles primaires et supérieures.

Art. 5. — Les directeurs et directrices, maîtres et maîtresses appelés à exercer dans les écoles de sourds-muets et d'aveugles jouissent des mêmes droits et avantages que les fonctionnaires des écoles publiques du même ordre. Les directeurs et directrices sont nommés par le ministre. Les instituteurs et institutrices sont proposés par l'inspecteur d'Académie et nommés par le préfet.

Les surveillants et surveillantes sont proposés par le chef d'établissement et nommés par le préfet.

ART. 6. — En sus des émoluments légaux, le personnel des écoles d'aveugles et de sourds-muets reçoit des indemnités ou des avantages en nature, à raison du service particulier qui lui est imparti.

ART. 7. — Les conditions d'exécution de l'article 1er seront réglées par voie de demandes avant le 1er janvier 1911. Des décrets et arrêtés rendus après avis du Conseil supérieur de l'instruction publique détermineront les conditions générales de recrutement, de traitement et d'avancement du personnel enseignant des diverses écoles, ainsi que les programmes d'enseignement général et professionnel.

ART. 8. — Il sera statué par des règlements d'administration publique sur les conditions dans lesquelles :

1° Seront rétribués les maîtres auxiliaires, chefs de travaux et maîtres-ouvriers, employés dans les écoles ;

2° Les employés ou agents inférieurs permanents ou temporaires seront astreints à la possession d'un livret de la caisse nationale de la vieillesse et à des versements réguliers.

ART. 9. — Un conseil de perfectionnement et de patronage sera constitué auprès de chaque école. Les membres seront nommés par le ministre de l'Instruction publique après avis du préfet, et, si l'établissement est communal, d'après l'avis du maire. Des dames en feront nécessairement partie.

Un conseil d'administration, nommé par le conseil municipal, si l'établissement est communal, par le conseil général, si l'établissement est départemental, sera institué auprès de chaque école. Il comprendra toujours un représentant du ministère de l'Instruction publique, un représentant du préfet du département dans lequel est situé l'établissement et au moins un médecin.

Art. 10. — Le décret portant création de chaque école déterminera les conditions spéciales de son organisation et de son fonctionnement.

Art. 11. — Les internats et demi-pensionnats des écoles d'aveugles et de sourds-muets peuvent être administrés en régie directe au compte du département ou de la commune. Ils peuvent être administrés au compte du directeur ou de la directrice en vertu d'un traité par lequel la gestion est remise au chef de l'établissement, qui s'en charge à ses risques et périls. Les traités ne sont exécutoires qu'après avoir été approuvés par le ministre de l'Instruction publique, sur avis favorable des préfets.

Il en est de même des modifications des traités.

Les tarifs minima exigibles des familles et des fondations de bourses pour frais de pensions ou demi-pensions, dans chaque établissement, sont fixés par le ministre de l'Instruction publique, sur la proposition du conseil général ou du conseil municipal, après avis du préfet.

La loi Chautard corrige dans ses dispositions la plupart des vices administratifs de l'organisation scolaire. Elle prévoit la création d'écoles nouvelles soutenues par l'État, le département et la commune, limite un temps de scolarité suffisant, institue auprès des établissements un conseil d'administration, de perfectionnement et de patronage dont la composition même est réglée avec soin et qui attirerait l'attention des pouvoirs publics sur les modifications ou réformes utiles. Le statut des instituteurs, enseignant dans les écoles spéciales, est enfin établi nettement, leur situation devant correspondre, ce qui est logique, à celle des instituteurs des écoles ordinaires. En sus des émoluments légaux, le personnel des écoles d'aveugles reçoit des indemnités ou des avantages en nature à raison du service particulier qui lui est imparti. C'est là une mesure juste et naturelle. Les directeurs devenus fonctionnaires n'ont plus, grâce à l'intervention des personnes administratives, à être préoccupés par les mille soucis surtout financiers que comporte le régime qui, hélas ! subsiste, régime qui entraîne parfois d'inextricables situations que seuls des expédients peuvent permettre d'éclaircir momentanément et apparemment. Justice est rendue aux aveugles qui ont à la fois l'obligation et la possibilité de cultiver leur esprit et d'apprendre un métier.

Mais quel sera le nombre des écoles d'aveugles le

jour où la proposition Chautard deviendra loi et quelle
sera leur constitution intérieure? C'est ce que nous
allons examiner à grands traits maintenant.

Les écoles régionales. — Les écoles d'aveugles, au lieu
d'être soutenues après avoir été créées soit par une
commune, soit par un département, ainsi que l'indique
la proposition de loi que nous avons examinée, pourraient l'être soit par plusieurs communes, soit par plusieurs départements, soit même par l'État seulement,
afin qu'elles puissent recevoir les enfants aveugles d'une
région tout entière. Leur nombre est heureusement
trop faible pour nécessiter la création de nombreux établissements. Au contraire, le mérite d'une législation
nouvelle, relative à l'enseignement des aveugles, consis-
terait notamment à réduire le trop grand nombre des
établissements existant actuellement, établissements
où règne souvent le désordre, où l'action est paralysée
par la pauvreté, où les moyens d'éducation et d'instruction des aveugles (c'est-à-dire leurs futurs moyens de
vie) sont d'une navrante faiblesse.

En conséquence, nous exprimons le vœu que les
écoles régionales, organisées par la proposition Chautard au point de vue administratif, soient peu nombreuses, mais organisées et outillées rationnellement.
Nous ajoutons qu'il serait désirable qu'elles aient
la personnalité civile comme nos universités, ce qui
leur permettrait, le cas échéant, de profiter des dons
et legs qui leur seraient faits.

Division des écoles régionales. — Elles seraient composées de quatre parties distinctes :

1° Une école maternelle, dont l'importance nous apparaît si grande que nous ne craignons pas d'affirmer que le développement ultérieur de l'intelligence et des moyens des aveugles est en fonction des leçons qu'ils y reçoivent. Former l'homme extérieur, développer les organes des sens, enseigner la manière de marcher, de se présenter, de se tenir, corriger les habitudes désagréables ou ridicules, donner à l'aveugle l'aspect extérieur du clairvoyant, fortifier son tempérament, tel est, d'après l'abbé Rousseau, l'objet de l'éducation physique pour l'enfant aveugle, éducation qui sera le fondement de l'enseignement qu'il recevra à l'école maternelle. N'hésitons pas à lui faire faire de la gymnastique et à imiter à cet égard les Anglais et les Américains qui ont ainsi obtenu de remarquables résultats.

Tous les enfants privés de la vue auraient intérêt à fréquenter l'école maternelle où seront observées scrupuleusement les sages prescriptions condensées et publiées par l'Association Valentin Haüy et que nous avons reproduites ci-avant (1).

2° Une école primaire pour les enfants normaux de 7 à 13 ans et pour les mineurs devenus aveugles et ayant dépassé l'âge de scolarité. Ces derniers ne seront que réadaptés, c'est-à-dire que, outre le métier dont ils

____

(1) Voir p. 67 et suivantes : *Instruction pour la première éducation des enfants aveugles.*

feront l'apprentissage, on leur enseignera l'écriture et la lecture Braille. Le cas échéant, selon l'expression de Mlle Extrait, un cours primaire supérieur permettrait aux élèves qui se destinent à l'enseignement de poursuivre leurs études jusqu'à l'obtention du brevet élémentaire.

3° Une section d'arriérés pour les enfants du même âge, dont le développement physique ou intellectuel a été retardé, et qui, mêlés aux autres aveugles, entravent l'instruction de ces derniers. N'y seraient admis que les anormaux pédagogiques, c'est-à-dire les enfants qui semblent susceptibles d'acquérir avec le temps et des procédés particuliers un certain développement intellectuel. Après un certain délai, les enfants reconnus arriérés profonds ou gâteux seront envoyés dans un asile spécial.

4° Un atelier d'apprentissage pour les jeunes gens et jeunes filles de 13 à 18 ans. Nous examinerons longuement dans le chapitre « Les aveugles au travail » les principes dont l'application est nécessaire si l'on veut atteindre le but, — en même temps que les professions à préconiser et enseigner. Aussi nous contentons-nous de renvoyer le lecteur à cette partie de notre exposé.

Quelques remarques. — L'école primaire régionale serait mixte. Les classes y seraient homogènes, comprenant de dix à quinze élèves. La section d'arriérés serait mixte et confiée à une maîtresse clairvoyante, spécialisée. L'atelier serait divisé en deux groupements,

celui des garçons et celui des filles, dirigés respective-
ment par des contremaîtres et des contremaîtresses.
Il n'est point indispensable d'insister sur l'intérêt qu'il
y a à respecter cette division. Des expériences ont été
faites et toutes ont amené les typhlophiles à la même
conclusion.

Le programme des études, tout en s'approchant le
plus possible des programmes ordinaires, devra être
plus souple. Il ne faut pas oublier, en effet, que chaque
enfant aveugle est un cas particulier. Outre les exercices
physiques qu'il ne cessera de faire, il y aura avantage à
lui donner le goût du dessin et du modelage. L'enseignement des sciences exactes, les leçons de choses rationnellement données sont de nature à favoriser l'épa-
nouissement de son intelligence et lui permettront de
concevoir ce qu'il ne peut percevoir.

Quant à la section d'arriérés, son programme consistera essentiellement à initier les élèves à la vie
normale et à l'école ordinaire. Ainsi que l'écrit
Mlle Extrait, l'institutrice à qui incombera la responsabilité et l'honneur de les diriger et de les éduquer
devra posséder de grandes qualités d'esprit et de cœur.

Les métiers classiques des aveugles seront enseignés
à l'école régionale. Chaque école se spécialisera en
outre pour un autre métier. Il n'y aura abandon de la
musique que s'il y a inaptitude reconnue à en tirer
parti. A treize ans, s'ils réunissent les conditions du
« bon musicien », un certain nombre d'élèves seront

envoyés à l'Institution nationale, devenue, en même temps qu'école normale d'enseignement, école supérieure de musique. Mais la sélection devra être faite soigneusement. Il ne faut gaspiller ni le temps, ni l'argent, et s'il ne faut demander aux individus que ce qu'ils peuvent donner, il faut en exiger le maximum.

Les maîtres et l'école normale d'enseignement. — Pour les raisons que nous avons données dans ce chapitre sous le titre « les Maîtres » (1), les instituteurs employés dans les écoles régionales seront aveugles et clairvoyants. Les maîtres privés de la vue subiront une préparation sinon identique, du moins équivalente à celle des clairvoyants. Ces derniers cultiveront leurs sens et apprendront à connaître la psychologie et les moyens spéciaux des aveugles.

Préparation à l'enseignement des aveugles. — L'Institution nationale étant devenue école normale (une école primaire pourrait sans inconvénients lui être annexée) : 1° les instituteurs aveugles, recrutés dans les écoles régionales, entreraient à l'école normale spéciale munis du brevet élémentaire et y feraient un séjour de trois ans.

2° Les instituteurs clairvoyants, recrutés parmi les élèves ayant terminé leur deuxième année d'école normale ordinaire, y seraient admis pour un an, après un stage d'une année dans une école régionale d'aveugles comme répétiteurs-surveillants.

(1) Se reporter à la page 82.

3° Les élèves postulant aux fonctions de maîtres apprendraient, sous la direction de professeurs d'élite (aveugles ou clairvoyants), la pédagogie spéciale et pratique pour l'enseignement aux aveugles et se familiariseraient avec le maniement des appareils spéciaux, nécessaires à leur éducation.

4° Aveugles et clairvoyants devraient obtenir à leur sortie de l'école normale spéciale le « certificat d'aptitude à l'enseignement des aveugles ».

Les aspirants-professeurs ne pourraient entrer à l'école normale spéciale qu'après approbation du directeur de l'école régionale, dont le rôle sera délicat et qui, par conséquent, devra lui-même être choisi avec soin.

Utilité de ces réformes. — Le rattachement de l'enseignement des aveugles au ministère de l'Instruction publique et l'institution d'écoles régionales spécialisées nous paraissent si nécessaires que, sans ces réformes, nous croyons qu'il serait vain d'espérer quelque amélioration du sort des aveugles. D'autres typhlophiles, et parmi eux les plus compétents, ont exprimé à maintes reprises le vœu de voir réorganiser l'enseignement des aveugles. Après le regretté Freyssinier qui pendant plusieurs années fut l'apôtre ardent des idées exposées en ce modeste ouvrage, après M. Ernest Vaughan, l'éminent directeur de l'hospice national des Quinze-Vingts, et plusieurs des spécialistes les plus distingués comme Mlle Extrait, sous-directrice de l'école municipale de Lyon-Villeurbanne, et M. Boyer, directeur de l'école de Dijon, M. Pierre Villey, aveugle et professeur à la Faculté des lettres de Caen, écrivait dans le *Matin* du 13 mai 1910 :

« L'enseignement des aveugles est dans un terrible état d'anarchie. Il importe de le réorganiser au plus vite. Il faut que les pouvoirs publics le fassent sans retard... »

Ainsi l'on peut dire que la plupart des aveugles et des typhlophiles qui ont examiné d'un peu près la question sont convaincus de la nécessité et de l'urgence de réformes qui, si elles sont de nature à élargir singulièrement le champ d'activité de ceux dont nous plaidons la cause et si elles sont profondes, puisqu'elles doivent transformer les conditions actuelles des écoles spéciales, ne seront pas néanmoins l'occasion de considérables dépenses et de travaux difficiles et ingrats.

Les inconvénients nombreux du régime actuel de l'enseignement des aveugles constituent, à notre avis, les arguments décisifs qui militent en faveur de l'adoption des mesures que nous préconisons soit par le Parlement, soit par le gouvernement. Cependant tous les typhlophiles n'en sont point partisans. Un certain nombre d'entre eux, parmi lesquels se trouvent des hommes notoires, estiment en effet que :

1° Seules l'excessive parcimonie des conseils généraux d'une part, la stupide vanité, la cupidité ou la dangereuse tendresse des parents, d'autre part, expliquent ce fait que sur plus de 2.500 mineurs, 900 seulement sont élèves d'établissements d'éducation.

2° Les résultats obtenus prouvent que les maîtres sont bons, et, si des réformes sont utiles dans les méthodes, les programmes et l'administration de l'enseignement, les typhlophiles et l'Association Valentin Haüy — dont la composition et les moyens matériels et moraux sont universellement connus et appréciés — modifieront ce qu'il y a à modifier avec la sagesse et la délicatesse voulues.

3° L'instruction des aveugles est sans utilité si les élèves, à la sortie de l'école, ne sont pas patronés. Or, seule l'initiative privée peut organiser un patronage efficace grâce à l'adhésion implicite du ministère de l'Intérieur.

4° L'Etat introduirait l'esprit laïque dans les institutions d'aveugles et risquerait de porter un grave préjudice à leurs élèves pour qui la religion est une source féconde de force, d'espérance et de joie.

5° La liberté dans les méthodes et les programmes provoque une saine émulation qu'on ne saurait trop encourager, parce qu'elle est l'origine du progrès. L'uniformité dans l'enseignement, conséquence inévitable de la mainmise de l'Etat, engendre au contraire l'état de stagnation, la routine qui est une réaction.

En conclusion, les partisans du *statu quo* dénient à l'Etat tout pouvoir d'éducateur en ce qui concerne les aveugles et ne lui reconnaissent que le devoir de s'efforcer d'alléger le budget des établissements destinés à l'instruction des aveugles, c'est-à-dire de leur allouer dès crédits. Si les méthodes sont quelque peu désuètes, elles seront adaptées aux besoins des aveugles, mais pour obtenir ces résultats point n'est besoin de l'intervention du pouvoir officiel. « Ferme disciple de Le Play, écrit quelque part M. de la Sizeranne, il me semble que le véritable rôle de l'Etat est d'aider, de compléter l'initiative privée, de la subventionner et non de s'y substituer. » En somme, modifier le régime actuel des écoles spéciales, ce serait, pour les adversaires du rattachement de l'enseignement des aveugles au ministère de l'Instruction publique, porter atteinte au patrimoine moral et à l'intérêt matériel de ceux dont nous voulons le bien.

Les développements de la première partie de ce chapitre répondent à notre sens à la plupart de ces arguments. Cependant, nous ajoutons, à ce que nous avons longuement exposé, que le rattachement de l'enseignement des aveugles au ministère de l'Instruction publique et l'institution des écoles régionales impliquent de nombreux et sérieux avantages, notamment en ce qui touche les méthodes, programmes et moyens, la situation et le recrutement des maîtres, le recrutement des élèves et les possibilités financières. Ces réformes n'entraînent pas comme inconvénients, et la suppression du patronage, et la pression sur les consciences. La société de placement en faveur des anciens élèves de l'Institution nationale des jeunes aveugles ne fonctionne-t-elle pas à côté de l'administration centrale, avec et par elle?

Le ministre de l'Intérieur n'y faisait-il pas une allusion favorable en une circulaire du 31 juillet 1906? De plus, MM. les Directeurs de l'Assistance et de l'hygiène publiques, Mirman et Brisac, ont toujours pensé que le patronage seul pouvait permettre le plein effet des libéralités matérielles et morales (placement, conseils) des amis des aveugles. Quant à la liberté de conscience, elle serait pleine comme elle l'a été, peut-on dire, toujours dans nos écoles officielles.

Les aveugles surtout se sont opposés au vote de la loi Chautard qui consacrait en 1910 la réforme qu'aujourd'hui encore nous préconisons. Ils craignaient en effet de perdre l'espèce de privilège d'enseigner qu'ils ont acquis et voir se substituer à eux des maîtres clairvoyants. Or, nous sommes persuadés que dans la mesure de leur compétence, les maîtres aveugles conserveront leurs places et continueront à avoir accès aux fonctions qu'ils convoitent le plus, et que même leur situation matérielle sera considérablement améliorée.

Deux dernières considérations pratiques viennent corroborer notre opinion. La première est tirée de l'examen de la situation à l'étranger au point de vue qui nous préoccupe. La dernière provient des constatations pénibles relatives au fonctionnement des écoles d'aveugles, constatations que nous avons pu faire depuis le début de la guerre actuelle.

Le statut des écoles d'aveugles dans quelques pays étrangers. — En Belgique, la loi communale du 30 mars 1836, article 131, n° 17, met à la charge de la commune les frais d'instruction et d'entretien des aveugles et des sourds-muets sans préjudice des subsides fournis par les provinces et par l'Etat « lorsqu'il sera reconnu que la commune n'a pas les moyens d'y pourvoir sur ses ressources ordinaires ». La loi du 27 décembre 1891 déchargeant les communes fait supporter les frais par les provinces ou l'Etat. Que les établissements soient privés ou officiels (il n'y a qu'une école officielle), tous sont soumis à l'inspection de l'Etat.

En Amérique, l'enseignement des aveugles dépend du ministère de l'Instruction publique. Quelques brèves indications donneront une idée de la généreuse activité américaine en faveur de ceux qui sont privés de la vue. La section 4869 des statuts réservés des Etats-Unis stipule que : « Toutes les fois qu'une personne aveugle d'âge éducable ne peut avoir à sa disposition les moyens d'assurer son éducation, il sera ordonné que ladite personne soit instruite dans quelque établissement d'éducation d'aveugles, à Maryland ou autre Etat, aux frais de cet Etat et du trésor des Etats-Unis. » L'Etat de New-York pourvoit à l'instruction et aux besoins des aveugles et paye pour chaque élève envoyé dans un établissement public ou privé une pension annuelle de 1.500 francs. Une loi a rendu en 1891 l'instruction pour les aveugles obligatoire dans l'état de Connecticut.

De même en Italie, en Espagne, au Portugal, en Allemagne, en Angleterre, l'instruction des aveugles dépend de la seule administration dont elle doit logiquement relever.

Les écoles d'aveugles pendant la guerre. — La guerre a montré une fois de plus, et de façon vraiment saisissante, que les aveugles n'avaient pas, dans l'état actuel du problème, droit à l'instruction. En effet, la plupart des établissements spéciaux ayant été transformés en ambulances, au début des hostilités, ils ont été fermés à leurs élèves pendant plusieurs mois, parfois même plus longtemps encore. C'est ainsi que l'Institution nationale n'a rouvert ses portes à quelques dizaines d'aveugles qu'au cours de l'année 1917. Imagine-t-on assez le préjudice causé à des centaines d'enfants qui, pauvres, le plus souvent, ne peuvent se livrer chez eux, faute du matériel indispensable, aux exercices ou travaux qui devaient assurer leur avenir ?

Demain parce qu'elles n'ont plus de ressources, le taux fixé pour les bourses d'internat étant devenu notoirement insuffisant, plusieurs écoles devront refuser d'accomplir leur mission. N'y a-t-il pas là de tristes mais décisifs arguments à l'appui de notre thèse ?

Le rattachement de l'enseignement des aveugles au ministère de l'Instruction publique et l'institution des écoles régionales s'imposent donc. Ne devons-nous pas être surpris et navrés qu'en France, pays où tout principe est sacrifié à la civilisation, ce soient des infirmes qu'on laisse ignorants, quand ce sont ceux-là même auxquels l'instruction fournit, avec un *modus vivendi*, le réconfort moral et intellectuel nécessaire. Il y a là mieux que des intérêts à défendre, il y a une œuvre sociale et de justice à accomplir.

CHAPITRE V

L'oisiveté avilit l'homme et fait de lui un « parasite ».
Le travail le libère et l'honore en en faisant un être
social. Qu'est-ce qu'un être social ? C'est celui qui vit
conformément aux lois d'un État policé, comme aux lois
morales, qui, par conséquent, n'est pas à la charge de
la société et travaille ; c'est un être qui produit et est
susceptible d'entretenir la famille dont il est ou sera
le chef. Or les aveugles, si grands que puissent être les
inconvénients qui résultent de leur infirmité, peuvent
travailler, produire, et donc constituer des forces sociales peut-être amoindries, mais nullement négligeables.
Mais pour travailler ils devront, s'ils sont aveugles de
naissance ou ont perdu la vue en bas-âge, recevoir une
éducation professionnelle pratique et, s'ils sont accidentels ou tardifs, s'efforcer de conserver leur métier ou
être rééduqués convenablement.

Nous étudierons successivement dans ce chapitre
d'abord quelles sont les professions qui peuvent être le
plus facilement et le plus avantageusement exercées
par les aveugles ; ensuite, l'organisation, le programme
et le but des écoles d'éducation et de rééducation. Nous

dégagerons enfin, des développements antérieurs, d'utiles conclusions.

Les professions.

Pour en rendre l'exposé plus clair, nous avons adopté la distinction suivante dont les termes devront être envisagés d'une façon large.

Les professions convenant aux aveugles sont divisées en :

1º Professions manuelles ;

2ª Professions non manuelles ou non exclusivement manuelles.

Professions manuelles.

Considérations générales. — Un principe « essentiel » devra guider les aveugles — ou ceux à qui incombent le devoir et la responsabilité de les guider — dans le choix de leur profession. Elle devra en effet correspondre à leurs aptitudes et à leurs moyens. Plus loin, lorsque nous parlerons des écoles d'éducation ou de rééducation, nous reviendrons sur ces points importants. La profession choisie, ils devront s'efforcer de devenir de « bons ouvriers », c'est-à-dire arriver à produire vite et bien. Leur production, si elle est rapide, leur permettra de s'assurer un salaire convenable. Mais en aucun cas la rapidité de leur travail ne devra porter préjudice à sa qualité. S'ils produisent bien, en effet, ils s'attacheront leur clientèle et même l'augmenteront et contenteront leurs employeurs qui seront ainsi amenés à améliorer leur sort. De plus — et il ne faut pas l'oublier — s'ils mettent dans le commerce des objets dont la façon est imparfaite et qui ne remplissent pas les conditions auxquelles ils doivent répondre (besoins ou désirs de la clientèle), non seulement ils se feront du tort, tort dont le signe sera la diminution de leur gain, mais encore, et c'est plus grave, ils porteront préjudice à leurs frères aveugles que les clairvoyants estimeront désormais incapables de les satisfaire. Il est malheureusement exact qu'un grand nombre de travailleurs aveugles, qui n'ont pas pu ou voulu compléter leur apprentissage, végètent dans la vie, luttant péniblement contre la misère. Bien qu'ils soient aidés par les pouvoirs publics (assistance aux infirmes) ou les œuvres d'assistance privées, parfois hélas ! irrités par la souffrance et les rancœurs ou dominés par le vice, ils sont amenés à demander l'aumône, ce qui avilit, mais ce qui rapporte. Il serait souhaitable qu'après la guerre actuelle on interdise formellement la mendicité sous de sévères sanctions. Il ne faut pas que nos mutilés amputés, aveugles ou paralysés, exploitent la compassion des passants et privent le pays de bras dont il a un besoin si impérieux. Il semble que de tout temps on ait craint de mécontenter les mendiants et les parasites. Il convient au contraire de faire disparaître en eux l'envie d'exister aux dépens de ceux qui « travaillent ». S'il est juste et sage d'assister les faibles et les malheureux, il est dangereux et criminel d'encourager le vice. Le public, par exemple, a trop devant les yeux le misérable tableau de l'aveugle qui implore la charité et est trop privé du noble et réconfortant spectacle de l'aveugle qui travaille. En conséquence, dans le problème qui nous préoccupe, les éducateurs et rééducateurs professionnels devront veiller à ce que :

1° Leurs élèves arrêtent leur choix sur la profession répondant le mieux à leurs aptitudes et dont l'exercice leur permettra de réaliser le profit maximum ;

2° Ils comprennent que leur intérêt en même temps que l'intérêt de tous les aveugles travailleurs exige une conscience professionnelle absolue, partant un apprentissage soigneux et complet. Cela posé, quelles sont les qualités fondamentales qui caractérisent les professions convenant aux aveugles, en général, placés dans une situation non spéciale ? Elles doivent ne nécessiter qu'une adresse et une force musculaire moyennes, un apprentissage court, un outillage simple et peu coûteux et aboutir à l'écoulement facile et certain des produits fabriqués. Il convient de souligner l'importance de ces caractéristiques qui semblent avoir échappé à plus d'un à une époque où, mû par l'âpre désir de bien faire ou même simplement de « faire quelque chose », chacun avec sa philosophie, sa manière, préconise « son métier » pour nos glorieux mutilés. Mais elles sont si évidentes que point n'est besoin d'insister pour en faire apparaître la réalité.

Classification des professions manuelles. — Nous avons classé les professions exercées par les aveugles — ou dont l'exercice leur est possible — en deux groupes dont le premier se subdivise en plusieurs catégories; savoir :

1° Métiers divers qui peuvent être exercés individuellement par des aveugles ;

2° Métiers pour groupements d'aveugles ;

3° Les métiers qui peuvent être exercés individuellement par des aveugles peuvent être désignés sous les trois rubriques suivantes :

A) Métiers qui ont fait leurs preuves ;

B) Métiers actuellement à l'épreuve ou insuffisamment éprouvés ;

C) Métiers d'agrément.

Nous ne pouvons pas prétendre donner une liste complète de ces métiers. Nous nous excusons donc auprès du lecteur d'omissions d'autant plus faciles à faire que, depuis la guerre, l'immense mouvement de sympathie qu'ont provoqué les blessés aux yeux a amené leurs si nombreux amis à faire des expériences aussi multiples que variées en vue d'élargir le champ possible de leur activité. Nous ferons suivre la désignation de chacun des métiers énumérés de quelques explications utiles en définissant brièvement ses avantages et ses inconvénients.

La *brosserie*, la *chaiserie*, la *vannerie* sont couramment enseignés dans les établissements d'aveugles. Ce sont les « métiers types ou ordinaires » des aveugles, répondant — ou étant réputés tels — aux aptitudes les plus fréquentes de la grande majorité d'entre eux. S'ils sont, en effet, préférés à tous autres par la plupart des éducateurs et rééducateurs, c'est que ces derniers savent avec certitude ce qu'ils valent, puisqu'ils sont depuis fort longtemps enseignés et préconisés. Peut-être serait-il aisé de trouver de meilleurs et plus lucratifs métiers. C'est ce que l'on a enfin compris depuis 1915 environ, mais avant cette époque les conditions de travail des aveugles semblaient « immuables », et ces trois métiers les seuls qu'ils pussent exercer avec des avantages relatifs, que nous ne nions pas. Ils peuvent évidemment s'exercer, les deux premiers surtout, avec un outillage très simple et dans un espace restreint. Ils permettent notamment de compléter les ressources de ceux qui ne s'y livrent pas d'une façon permanente et exclusive en leur procurant un bon « salaire d'appoint » (1). C'est ainsi que des cultivateurs, frappés de cécité soit sur les champs de bataille, soit au cours normal de leur existence, continuent à s'occuper d'agriculture (2), sans

_____

(1) Nos soldats aveugles touchant une pension de 975 francs par an, pension qui sera élevée, d'après le projet actuellement déposé sur les bureaux de la Chambre et qui a toutes chances d'être voté, au taux de 1.200 francs par an, le gain produit par leur travail est souvent considéré, et est le plus généralement en fait, comme salaire d'appoint, c'est-à-dire destiné à couvrir le déficit du budget « nécessaire » à leur subsistance et à celle des leurs, étant envisagée la somme, montant de leur pension.

(2) Voir *Les aveugles et l'agriculture*, p. 126.

pouvoir, comme avant qu'ils fussent plongés dans la nuit, y consacrer tout leur temps et toutes leurs forces. Tout ceia est appréciable. Mais, comme l'écrivait Mlle Extrait, ce n'est pas assez pour absorber un homme dans la force de l'âge, c'est trop peu surtout, pour qu'il puisse, s'il a une famille, produire les ressources habituellement apportées par le chef.

Un an suffit en moyenne pour l'apprentissage simultané de la brosserie et de la chaiserie. Quinze à dix-huit mois deviennent nécessaires si l'on y ajoute la vannerie. Ces trois professions exercées de pair par le même ouvrier (ce à quoi nous invitons instamment tous les aveugles qui ont choisi au moins l'une d'entre elles) lui évitent les chômages presque forcés. L'ouvrier aveugle brossier, chaisier ou vannier, arrive à un gain moyen (d'après les typhlophiles qui se sont occupés de la question) de 2 ou 3 francs par jour, soit environ la moitié du gain du clairvoyant travaillant dans les mêmes conditions. C'est du reste la constatation pénible, mais évidente que l'on fait toujours lorsqu'on met en parallèle le clairvoyant et l'aveugle. Le travail de ce dernier peut être aussi bien, si ce n'est mieux, mais il s'accomplit plus lentement. Mais le plus triste (il faut dire la vérité, si pénible qu'elle puisse paraître), c'est que le maigre salaire de 2 ou 3 francs dont nous parlions ci-avant est rarement atteint. Il le serait plus souvent si, comme on le fait dans plusieurs écoles d'éducation ou de rééducation, on enseignait aux élèves au

moins deux des trois métiers dits « ordinaires » des
aveugles, sinon les trois. En admettant que ce salaire
soit atteint (il est suffisant seulement comme salaire
d'appoint), en tout cas, l'ouvrier devra travailler dans
les meilleures conditions possibles, c'est-à-dire avoir des
matières premières et pouvoir écouler ses produits. Or,
il est incontestable (et les typhlophiles ne nous désap-
prouveraient pas) que trop de fois il lui manque soit
du chiendent, des bois ou des soies, soit une suffisante
clientèle. Et cette situation s'est aggravée depuis qu'un
nouveau et important contingent, formé des soldats
blessés aux yeux, est venu s'ajouter à ceux qui seraient
en bien des cas morts de faim à faire de la brosse ou
de la chaise ou du panier, si quelqu'intervention oppor-
tune des pouvoirs publics ou surtout des associations
charitables ou d'assistance ne s'était produite. En ce
qui concerne la brosse surtout, il ne faut pas hésiter à
crier le danger, d'autant plus qu'il faut bien tenir
compte de la concurrence des usines qui la fabriquent
mécaniquement par quantités et en avilissent le prix.

Nous estimons, en somme, que si la brosserie, la chaiserie, la vannerie ont donné et donnent des résultats
appréciables, ne nécessitant qu'un apprentissage court
et facile et un outillage réduit, ces métiers sont peu
rémunérateurs. Or, il est incontestable que le « profit
maximum » constitue dans le problème professionnel le
but poursuivi. Nous tirerons donc des faits les conclusions que voici :

1° Puisque, d'une part, les aveugles sont soumis à l'universelle et bienfaisante loi du travail et que, d'autre part, des métiers simples leur sont accessibles, nous ne pouvons admettre que par ignorance ou par vice ils s'y soustraient ;

2° Dans l'état actuel des choses, la brosserie, la chaiserie et la vannerie peuvent encore constituer la base de l'enseignement professionnel des aveugles, mais, étant considérées les conditions et la rémunération de leurs efforts, toute notre énergie doit tendre à faire adopter de nouveaux et plus lucratifs métiers.

L'accord des pianos (ou autres instruments) est l'une des meilleures professions accessibles aux aveugles. Elle leur permet, s'ils arrivent à se créer une clientèle, de gagner en moyenne de 2.500 à 3.000 francs par an. De plus, elle est souvent exercée par des professeurs de musique ou des organistes qui arrondissent ainsi leur gain. Mais l' « accord » nécessite certaines aptitudes sans lesquelles le succès ne saurait être possible. Ces conditions essentielles de réussite sont notamment une certaine délicatesse de l'ouïe et une adresse de main que tous sont loin de posséder. En outre, cette profession exige un sérieux apprentissage de trois ans en moyenne. Il peut être fait dans plusieurs écoles, en France, mais il est désirable que toutes soient en mesure de le donner rationnellement et pratiquement. Les accordeurs doivent être des ouvriers d'élite.

La masséthorapie. — Au congrès des typhlophiles,

réuni à Paris, en 1910, il a été reconnu que le massage pouvait assurer 20 francs par jour à l'aveugle et que pour être susceptible d'exercer cette profession, deux années de studieux apprentissage sont, en moyenne, nécessaires. Mais il est utile d'insister sur les aptitudes et qualités qu'en exige l'exercice. Le sujet qui désire être masseur doit posséder une instruction générale assez développée, avoir une santé solide, car c'est un métier dur, être d'une moralité certaine et jouir d'un physique convenable. Au Japon, cette profession est réservée aux seuls individus privés de la vue. En France, de nombreuses expériences ont été faites et plusieurs ont donné d'heureux résultats. Nous espérons que les médecins et les administrations d'hôpitaux, de sanatoria et d'établissements thermaux n'hésiteront plus (comme ils l'ont trop souvent fait et ont encore aujourd'hui tendance à le faire au détriment de nos soldats aveugles), à faire appel aux aveugles masseurs. Nous pensons aussi que le massage est l'une des meilleures professions pour la femme aveugle que l'on arrachera ainsi bien souvent soit à la misère, soit au refuge, où s'écoule en général sa pauvre et monotone existence.

La *cordonnerie* a pris une grande importance à l'Institut royal de Copenhague. Elle est enseignée en Angleterre et en Amérique où elle est vivement conseillée. M. Boyer, directeur de l'École des aveugles de Dijon, l'a introduite en France où elle a, comme tout ce qui commence, ses adeptes et ses détracteurs. Cependant dès maintenant des résultats intéressants sont obtenus. L'annexe des Quinze-Vingts, Maison de Reuilly, à Paris, préconise ce métier et aussi le simple ressemelage d'apprentissage et d'exécution faciles qui, dit-on, procurerait aux travailleurs privés de la vue un salaire supérieur à celui qu'ils pourraient obtenir en confectionnant des brosses, même en assez grand nombre. Ce qui est certain, c'est que les cordonniers frappés de cécité peuvent aisément continuer leur métier.

La *bourrellerie*, la *corderie* et la *confection des sangles* adoptées en Angleterre et en Amérique surtout ne semblent pas présenter de difficultés sérieuses et doivent permettre d'obtenir des résultats sensiblement les mêmes que ceux de la cordonnerie.

La *tonnellerie*. — Ce métier n'était guère exercé avant la guerre que par deux ou trois individus. Il est actuellement enseigné à Paris, à la Maison de Reuilly, où les meilleurs ouvriers parviennent à faire un tonneau en leur journée. Les tonneliers aveugles trouveront, si on les aide un peu, à se placer ou à écouler leurs produits.

Les aveugles et la téléphonie. — C'est là une profession agréable dont l'apprentissage ne demande que quelques heures d'attention. Plusieurs dispositifs (1) permettent au téléphoniste qui ne voit pas clair de relier soit les divers services d'une maison de commerce

(1) L'un de ces dispositifs est dû à un aveugle, M. Marius Léger, de Toulouse.

ou d'une administration (1), soit l'un de ces services avec le réseau central. Nous sommes sûrs qu'industriels, commerçants et pouvoirs publics confieront désormais de préférence ce poste à des aveugles qui, grâce à de légères modifications des appareils et à la faculté qu'ils ont de prendre des notes soit en Braille, soit à la machine à écrire, s'acquitteront de leur tâche à la satisfaction entière de leurs employeurs.

B) *Métiers qui peuvent être intéressants, actuellement à l'épreuve.* — Cette catégorie comporte une liste déjà longue de métiers divers, liste qui est loin d'être close. Les événements actuels notamment ont provoqué un mouvement de sympathie si vif en faveur des victimes de la guerre que les initiatives de toute sorte, notamment en ce qui touche la rééducation professionnelle, ont été prises, initiatives qui n'ont pas toujours obtenu ou n'obtiendront pas le succès escompté par leurs auteurs. Nos soldats aveugles, plus que les autres mutilés, ont amené les philanthropes et les inventeurs à employer toute leur ingéniosité à trouver de nouveaux et lucratifs métiers ou à adapter des métiers anciens à leur situation particulière. Nous ne pouvons les noter tous, mais nous renvoyons le lecteur que ces recherches, parfois bien décevantes, intéresseront aux publications

(1) Des téléphonistes aveugles sont employés dès aujourd'hui par plusieurs administrations, notamment la mairie, la préfecture et le polygone de Toulouse.

destinées aux soldats aveugles où il en est toujours plus
ou moins question (1).

La dactylographie et la sténo-dactylographie. — Rien
de plus simple que d'apprendre la dactylographie à un
aveugle. Une ou deux leçons, quelques heures suffisent
pour qu'il connaisse le maniement de la machine, pour
lequel il n'a besoin d'aucun appareil spécial. Beaucoup
d'aveugles l'utilisent dans le but de correspondre plus
facilement. Mais, nous plaçant au point de vue professionnel, nous sommes obligés de constater que peu
d'aveugles, en France moins encore qu'en Angleterre
et en Amérique, ont tiré parti de la machine à écrire.
Tout en connaissant fort bien les objections souvent
fondées (2) que l'on peut faire à leur emploi, nous
pensons que le nombre des dactylographes privés de la
vue pourrait augmenter. Une bonne instruction primaire, un style et une orthographe corrects sont indispensables à l'exercice de cette profession. De plus, il est
désirable que les postulants à cette profession appren-

(1) Les principales de ces publications sont : les appels et comptes
rendus des œuvres poursuivant un but de rééducation, le *Journal
des soldats blessés aux yeux*, créé par M. Brieux, de l'Académie
française ; le *Journal des soldats aveugles*, le *Louis Braille*, le rapport du Congrès interallié pour l'étude des questions intéressant
les mutilés, réuni à Paris du 8 au 12 mai 1917, etc...

(2) La plus importante de ces objections consiste en ce que, employé dans quelque bureau que ce soit, si le dactylographe aveugle
fait une erreur ou si au dernier moment des modifications sont
apportées, soit à la forme d'une phrase, soit à la valeur de chiffres,
il ne peut, sans l'aide d'autrui, se relire, repérer avec certitude la
place où doit être faite la correction ou la modification.

nent la plus pratique des sténographies préconisées pour
les aveugles, dues l'une à M. Pierre Villey, professeur-
adjoint à la Faculté des lettres de Caen, l'autre au
lieutenant Georges Muller, ingénieur des arts et métiers,
aveugle de guerre (1).

La menuiserie. — Des expériences encourageantes
ont été faites, notamment en Italie et en France, en vue
de permettre à des aveugles d'exercer le métier de me-
nuisier. Il n'y a guère, à notre connaissance, que deux
ou trois soldats blessés aux yeux qui aient tenté cet
essai (2). Nous sommes persuadés de l'intérêt qu'il y a
à poursuivre ces expériences ; que des sujets particuliè-
rement adroits utiliseront avec profit le rabot ou la
varlope, surtout s'ils se contentent de fabriquer des
objets simples.

*Ajustage, montage de roues d'aéroplanes et d'auto-
mobiles, taillerie de bouchons, etc.* — Ces métiers ne
pourront être exercés que dans des usines, car ils exi-
gent une spécialisation de la main-d'œuvre.

On peut envisager cependant la possibilité de grou-
per un certain nombre d'aveugles sous la direction d'un
contremaître habile, comme cela se fait à la Maison de

(1) Consulter en ce qui concerne ces procédés, les mémoires et
brochures publiés par MM. Muller et Villey.

(2) Les deux premiers aveugles menuisiers français ont fait leur
apprentissage l'un à l' « Atelier », école de mutilés que dirige
Mme David Veil, à Paris, l'autre sous la direction de M. Démonet,
aveugle, à Vichy.

Reuilly, groupement qui recevrait d'une ou plusieurs usines soit les commandes, soit les objets qu'il retournerait une fois façonnés. Des ouvriers ajusteurs, monteurs de roues et tailleurs de bouchons ont été formés en nombre suffisant et des résultats matériels sont assez connus maintenant pour qu'on puisse affirmer que ces métiers sont très rémunérateurs, à condition toutefois qu'un apprentissage très sérieux ait été fait au préalable.

Les tricoteurs. — S'ils sont mariés, autrement dit, s'ils peuvent compter sur l'assistance constante d'un clairvoyant, les aveugles peuvent utiliser la machine à tricoter dont le maniement est relativement simple et qui leur permettra de réaliser un salaire sensiblement supérieur à celui qu'ils obtiendraient en faisant des brosses ou des balais, à condition qu'ils aient du travail assuré. Un aveugle, M. Carey, mort en 1913, a organisé avec des aveugles et quelques clairvoyants une véritable usine à Lausanne (Suisse), obtenant des résultats très satisfaisants. Cette petite usine fonctionne aujourd'hui sous la direction d'un autre aveugle, ancien ingénieur.

Autres métiers. — Plusieurs sont préconisés depuis quelques années, mais jusqu'à ce jour aucun fait n'est venu solidement corroborer les espérances qu'en ont conçues de généreux typhlophiles. Ce sont, par exemple, la fabrication des bouchons de liège que M. Boyer, directeur de l'Institution des jeunes aveugles de Dijon, ne put entreprendre, faute d'argent ; celle des paillons pour l'emballage des bouteilles, etc...

C) *Métiers d'agrément.* — Pour un certain nombre d'aveugles, notamment pour des soldats aveugles qui veulent apporter un léger appoint à leur pension, il s'agit surtout d'éviter l'inaction et l'ennui qui en découlent, lorsque par exemple le métier ne rend pas (morte-saison, chômage). Citons à leur intention : la fabrication des sacs en papier, moins productive qu'autrefois (1), celle des paquets de bois pour allumage, la fileterie, le tournage sur bois, le macramé, etc.

2° *Métiers pour groupements d'aveugles.* — L'ajustage, la taillerie de bouchons, le montage de roues d'automobiles et d'aéroplanes et le tricot mécanique pourraient évidemment figurer sous cette dernière rubrique. Si nous les avons placés dans la première catégorie (2° subdivision), malgré qu'ils s'exercent habituellement en atelier (groupements d'aveugles, ou d'aveugles et de clairvoyants), c'est parce qu'ils sont aujourd'hui à l'épreuve et que les raisons de la réunion des travailleurs ne sont pas celles qui conduisent généralement les aveugles à travailler en commun, en vue de l'exercice des métiers suivants : la brosserie, la vannerie, la fabri-

(1) L'industrie des sacs en papier ne fut guère intéressante qu'au temps où les marchands de quatre saisons employaient des sacs faits en vieux papiers imprimés. Elle est aujourd'hui de rapport insignifiant. Consulter sur la question : Maurice de la Sizeranne, *30 ans de propagande en faveur des aveugles.*

cation des couronnes mortuaires en perles, celle des
tapis-brosses. Il a déjà été question de la plupart de ces
métiers. Quelques détails seulement doivent être donnés sur l'industrie des couronnes mortuaires en perles.

« Les couronnes de perles », écrit M. Ernest Vaughan,
en son livre *La rééducation professionnelle des soldats
aveugles, conseils pratiques*, Paris, Imprimerie Levé,
1915, « offriraient aussi un débouché sérieux, surtout
si les femmes des aveugles (les célibataires ne seraient
pas exclus de l'atelier pour cela) leur étaient associées.

« A l'école de Saint-Mandé, M. J. Genty est parvenu
à faire exécuter par ses élèves toutes les fleurs et feuilles imaginables : orchidées de toutes variétés et de
toutes nuances, pavots, pivoines, roses, violettes,
bruyères, etc... Chaque ouvrier se consacrant uniquement à la confection d'un modèle acquiert, on le con-
çoit, une suprenante habileté. Notez que rien n'est plus
facile que de lui faire assortir et varier les couleurs, soit
en se servant de perles de dimensions différentes, soit,
plus simplement, en les répartissant, par couleur, dans
une série, une sorte de clavier de sébilles ou de boîtes
systématiquement disposés. L'aveugle y puisera, sans
la moindre hésitation, les perles convenant aux teintes
de la fleur ou de la feuille qu'il doit reproduire..... Les
bourrelets de toute dimension sont, comme les fleurs,
confectionnés par des spécialistes. C'est alors qu'intervient le voyant ou la voyante qui combine les dessins,
assortit les coloris, forme les gerbes, les bouquets les

plus variés avec les fleurs et feuilles détachées, mises à sa disposition, etc.... »

Les intérêts qu'ont les aveugles à travailler en ateliers peuvent être ramenés aux suivants : d'abord, la division du travail et la spécialisation de l'ouvrier permettent une exécution plus rapide et plus parfaite, partant plus rémunératrice ; ensuite, l'administration, se chargeant de l'achat des matières premières et de la vente des produits fabriqués, l'ouvrier n'a que le souci de produire le plus possible, étant le plus souvent payé aux pièces.

L'inconvénient (en ce qui concerne l'exécution du travail) qu'il y a pour l'ouvrier aveugle à accomplir toujours le même labeur à l'atelier réside justement dans l'excessive spécialisation qui fait, certes, la force de l'atelier et la sienne même, s'il y reste, mais qui fera sa faiblesse si, pour une raison quelconque, il le quitte. Il sera en quelque sorte un ouvrier incomplet. Il est vrai qu'un apprentissage sérieux de plusieurs métiers peut pallier à cet inconvénient.

Agriculture. — Sauf s'il possède une exploitation agricole assez considérable pour qu'il n'ait qu'à la diriger, à l'administrer (et encore dans les travaux des champs surtout l'œil du maître est peut-être indispensable), un aveugle ne peut s'occuper avec fruit d'agriculture.

Nous le savons, M. Eugène Brieux a souvent conseillé aux victimes glorieuses de la guerre blessées aux yeux

de regagner leur village ou leur hameau et de travailler
la terre. Mais l'éminent écrivain et typhlophile a-t-il
voulu signifier par là qu'il était persuadé qu'en dépit de
la perte de ses yeux, un homme pouvait tirer un profit
suffisant de la glèbe ? Non. Ce qu'il a toujours voulu
faire admettre, c'est l'intérêt réel qu'ont nos aveugles
accidentels rééduqués dans les grandes villes à retour-
ner chez eux, parmi les leurs et leurs habitudes leur
existence s'écoulera plus heureuse et leur pain sera
plus facile à gagner, le prix de la vie étant à la campagne
infiniment moins élevé qu'en ville. Ils peuvent, de plus,
rendre chez eux infiniment plus de services qu'on ne le
croit généralement : soigner les bestiaux, la basse-cour,
arroser, bêcher, voire même, paraît-il, aider à labourer.
Tel aveugle s'est fait un renom pour la taille de la vigne,
tel autre est devenu un apiculteur émérite (1). En Angleterre, l'élevage des poules et des lapins est méthodi-
quement pratiqué. En France, l'idée fait des progrès
et il se pourrait que des initiatives sérieuses prennent
corps en vue de faciliter en même temps que le retour
aux champs des cultivateurs, aveugles accidentels, leur
spécialisation dans telle ou telle culture (apiculture,
élevage des volailles et lapins, etc.)

(1) Voir « Un agriculteur aveugle », par M. P. Villey, dans le
Journal des blessés aux yeux, mai 1917. Ce cas n'est du reste pas unique. Plusieurs soldats aveugles sont devenus depuis leur infirmité
ou ont l'intention de devenir apiculteurs.

**Professions non manuelles ou qui ne sont pas
exclusivement manuelles.**

Nous avons divisé cette section en six paragraphes
placés sous les titres suivants : 1° musique ; 2° enseignement ; 3° barreau ; 4° commerce ; 5° industrie ; 6° autres
professions.

1° *Musique*. — La musique constitue pour les aveugles intelligents une profession intéressante en soi et
rémunératrice. Il y aurait, sans doute, de longs cha-
pitres à écrire sur cette question dont l'intérêt est considérable. Nous laissons ce soin à plus compétents que
nous-même, nous contentant, conformément à notre
plan général, de la définir et de la délimiter en quelques
lignes simples et nettes.

La musique permet aux aveugles d'être : A) professeurs ; B) exécutants ; C) accordeurs.

A) *Les musiciens-professeurs*. — Ils sont nombreux,
disséminés sur l'ensemble du territoire, les uns réus-
sissant, les autres végétant, établis assez souvent dans
de petites villes où ils peuvent plus facilement se créer
une clientèle et la conserver. Pour être bon professeur
de musique, il faut avoir de l'oreille, savoir le solfège
et l'harmonie, savoir se présenter, avoir du goût.

B) *Les musiciens-exécutants*. — Peu de pianistes ou
violonistes aveugles ont réussi à se faire un nom, en
France du moins. En revanche, les organistes sont nombreux et parmi eux se sont distingués d'admirables
talents, tels ceux des Albert Mahaut et Louis Vierne.

La loi de Séparation de l'Église et de l'État affecta les aveugles, beaucoup d'entre eux, et parmi les plus instruits, tenant l'orgue d'une église, cathédrale célèbre ou sanctuaire de village perdu. Ils considèrent en effet avec raison que les sommes, montant de leur appointement d'organistes, si elles sont le plus souvent notoirement insuffisantes, constituent néanmoins le fond de leurs ressources, d'autant plus que leur situation les mettant de suite en vedette leur permet de s'assurer des leçons particulières ou des cours dans quelque établissement scolaire du voisinage.

C) *Musiciens-accordeurs.* — Tenant un orgue, donnant des leçons, un musicien aveugle peut en outre accorder les instruments de musique, ce qui est d'un rapport excellent. Il trouvera plus aisément sa clientèle, aura plus de chances d'être remarqué et apprécié, étant un véritable artiste, que celui qui, comme nous l'avons précédemment étudié, exerce la même profession, ayant les aptitudes essentielles des accordeurs, c'est-à-dire une ouïe délicate et une certaine adresse de main.

Mais tous, professeurs, organistes, pour que la musique constitue pour eux une profession lucrative, doivent avoir été préparés à leur carrière par un enseignement hors ligne. Si beaucoup ne réussissent pas, ce n'est pas que l'encombrement de la carrière soit tel que les nouveaux venus n'y peuvent creuser leur sillon, ce n'est pas qu'elle offre, en principe, à ceux dont les yeux

sont clos des obstacles presque insurmontables. Non,
au contraire. Depuis 1830 ou 1840 que l'on forme des
musiciens en France, bien des centaines ont vécu honnêtement grâce à leur profession. Mais il est dangereux
que par doctrine on fasse des musiciens de la plupart
des aveugles.

L'important n'est pas d'adhérer à une doctrine inévitablement fausse, si elle est absolue, c'est de faire
des hommes gagnant leur vie. Il faut en conséquence
tenir compte des aptitudes des enfants que l'on doit
former et ne les diriger vers l'art qui nous préoccupe
que s'ils en sont capables. Il est utile d'exiger d'eux
une relative perfection, cela pour eux, sans doute, mais
aussi pour leurs frères d'infortune, auxquels leur incapacité fait du tort. Ils doivent être au moins égaux à
leurs concurrents clairvoyants sans cesse plus nombreux
et plus forts. Ils doivent non seulement posséder parfaitement leur art, mais encore bénéficier d'une culture générale et d'une éducation convenable.

Si dans toutes les écoles on doit enseigner la musique, ceux qui peuvent et veulent en faire leur *modus
vivendi* doivent suivre les cours d'une école spéciale de
musique comme l'Institution nationale des jeunes aveugles, disposant de l'outillage et des maîtres nécessaires,
appliquant les méthodes, susceptibles de leur permettre
d'être formés solidement et soigneusement. De plus,
quand ils seront sortis de l'école, il faut qu'un patronage
sérieux soit organisé pour les encourager et les soute-

nir, les placer et les aider à constituer leur clientèle et
se faire connaître, patronage utile du reste pour tous
les aveugles, ainsi que nous le verrons au cours des
développements qui vont suivre.

Il est indéniable enfin que la musique peut permettre
à la femme aveugle de gagner sa vie. Après avoir obtenu
le certificat d'aptitude pédagogique, elle pourra enseigner soit dans les écoles de l'Etat, soit dans les établissements d'éducation libres. Sa situation est le plus souvent précaire et nous estimons que seuls le massage et
la musique lui assureront le pain de tous les jours et lui
donneront la possibilité de s'évader du refuge où toute
son existence risque de s'écouler sans indépendance et
sans joie.

2° *L'enseignement.* — Les aveugles peuvent recevoir
une instruction solide et connaître les règles de la pédagogie. Certains d'entre eux peuvent donc « enseigner ».
Nous l'avons vu, la plupart des professeurs de nos écoles
spéciales sont privés de la vue et remplissent leurs fonctions avec intelligence et conscience. Leur situation est
en général précaire, inférieure en tout cas à ce qu'elle
devrait être. Quelle qu'elle soit, elle est le but vers lequel
tendent les aveugles les plus intelligents. Ils considèrent l'enseignement des aveugles comme leur mono-
pole et luttent contre l'utile collaboration des maîtres
clairvoyants, non que le plus souvent ils en contestent
la valeur, mais parce qu'ils craignent de se voir arracher ainsi le plus sûr et le plus recherché de leurs

moyens de vie. Nous avons étudié cette question dans le chapitre consacré à l'instruction, aussi n'y reviendrons nous pas. Nous espérons toutefois que l'enseignement des aveugles sera bientôt rattaché au ministère de l'Instruction publique, dont il dépend naturellement, afin que les maîtres auxquels est confiée la mission d'instruire nos enfants aveugles bénéficient d'un traitement identique à celui des maîtres voyants. La tâche qui leur incombe est sans doute plus lourde et la rémunération de leurs services plus faible. Il y a là incontestablement une injustice qu'il convient de réparer au plus tôt.

Mais les aveugles, possesseurs des grades nécessaires, sont-ils susceptibles de diriger des classes de clairvoyants? Une distinction s'impose: ils peuvent toujours être professeurs dans l'enseignement supérieur. Ils peuvent l'être dans l'enseignement secondaire ou primaire lorsque (les élèves étant suffisamment âgés pour comprendre leur double devoir de travailler et de respecter la personnalité de leur professeur, ou qu'un surveillant leur est adjoint) ils n'ont pas le souci d'établir la discipline. Dans ce dernier cas, il est par conséquent impossible d'établir une règle absolue. Il y a là, en effet, une question d'espèces, autrement dit, ils peuvent être admis à donner l'enseignement primaire ou secondaire si certaines conditions sont remplies. Nous ne saurions laisser passer l'occasion de citer quelques-uns des noms d'aveugles qui ont montré tout ce que peuvent l'énergie, la confiance, l'intelligence et le travail contre l'infirmité qui inspire à la fois le plus de crainte et le plus de pitié. A l'Université : Saunderson enseigna les mathématiques à Cambridge, au XVIII° siècle, et ses leçons, d'après les témoignages des contemporains, étaient les plus suivies de l'Angleterre. M. Pierre Villey, dont le travail sur les *Essais* de Montaigne est un monument, est professeur-adjoint à la Faculté des lettres de Caen. Dans l'enseignement secondaire : M. Albert Léon enseigne la philosophie au Lycée de Bayonne, obtenant de remarquables résultats. C'est lui qui, il y a quelques années, en un article instructif au premier chef paru dans la *Revue philomatique* de Bordeaux, nous rappelait la brillante carrière de Pengeon qui, malgré que ses yeux fussent clos à la lumière, tint la classe de mathématiques au Lycée d'Angers, au commencement du XIX° siècle, à une époque où les aveugles étaient loin de posséder tous les moyens dont ils sont dotés aujourd'hui. A l'étranger de même, de remarquables résultats ont été obtenus par M. J.-J. Monnier, au Lycée de jeunes filles de Genève ; MM. Landriani et Romagnoli, en Italie, etc... Dans l'enseignement primaire enfin, dont l'accès semblait devoir être interdit aux aveugles, les questions de discipline, passant au premier plan quand il s'agit de diriger et d'instruire de jeunes enfants, se distinguent déjà plusieurs instituteurs, qui ont été réintégrés dans leurs fonctions après avoir été frappés de cécité sur les champs de bataille. Ce sont là des exemples qui seront suivis et encouragés, nous en sommes sûrs, quoique nous n'oubliions pas que les difficultés qui s'opposent à l'exercice de leur profession ne peuvent être surmontées que si certaines conditions sont remplies (1). Certes, leur mission d'éducateur peut être alors admirablement remplie puisque, ainsi que l'écrivait le sous-lieutenant Dallet, un homme digne et de noble conduite qui, les yeux morts, a repris ses fonctions d'instituteur : « Nous avons sur un point une supériorité sur les clairvoyants.. je veux parler de notre action morale... Je crois avoir exercé en deux mois plus d'influence que pendant dix années de sermons et de remontrances ! »

L'Administration, revenant sur de regrettables préjugés, a enfin consenti à ouvrir larges aux aveugles les portes de l'école primaire, du Lycée et de l'Université. Souhaitons qu'elle continue à les bien accueillir pour que les futurs candidats à l'enseignement des clairvoyants, s'ils sont capables, n'aient pas à vaincre les obstacles auxquels s'est parfois heurtée l'énergie de leurs devanciers.

3° *Barreau* (2).

4° *Industrie*. — Un aveugle a-t-il la possibilité d'être

---

(1) Voir notamment les lettres du sous-lieutenant Dallet, instituteur à Brévin (Loire-Inférieure), dans le *Louis Braille* et le *Journal des blessés aux yeux*, années 1916 et 1917.

(2) Pour l'examen des aptitudes des aveugles, voir plus loin l'exercice de la profession d'avocat, au chapitre : « La situation juridique des aveugles ».

industriel ? Sans hésiter, nous répondons négativement. La fabrication exige une telle minutie, une telle attention soutenue, comporte des phases si diverses et des facteurs si différenciés, implique un si grand nombre de détails que seuls de bons yeux bien exercés peuvent permettre de l'entreprendre. Si la partie industrielle ne joue qu'un rôle secondaire ou complémentaire, la partie commerciale étant essentielle dans une affaire donnée, il pourrait en être autrement, ainsi que nous pourrons nous en convaincre dans le paragraphe suivant.

5° *Commerce.* — Le commerce est chose si complexe, ses formes sont si nombreuses et d'une telle variété qu'il conviendrait, pour être exact, d'examiner chaque cas particulier. De plus, la situation présente des caractères différents pour chaque individu, puisqu'il faut tenir compte ae son instruction, de sa fortune, du milieu dans lequel il vit ou agit. Dans le commerce, distinguons la vente et la direction d'affaires. A moins de circonstances exceptionnelles, il sera difficile, sinon impossible, d'employer un aveugle à la vente au public dans une boutique, sauf dans une épicerie ou mercerie de village où il peut rendre d'appréciables services.

Cependant il peut sans grand'peine s'occuper de représentation commerciale quand les objets à vendre ont des qualités et caractéristiques fixes et qu'il n'a pas à se prononcer sur certains points comme le coloris. Les articles de choix seront donc les vins, la parfumerie, la métallurgie, l'épicerie, les produits alimentaires.

Il pourra voyager accompagné d'un guide (qui pourrait être sa femme) et qui ne le quittera pas. Ses frais généraux seront évidemment accrus dans la proportion des gages ou dépenses dont ce guide sera l'occasion, fait à considérer, mais dont il sied de ne pas exagérer l'importance.

Un aveugle peut incontestablement participer à la direction d'une affaire de quelque envergure, il se trouvera moins désavantagé, car alors la besogne matérielle compte pour bien peu. Tout se passe, nous écrit M. Guérin, un homme remarquable, que la privation de la vue n'empêche pas d'exercer une activité intéressante, par correspondance ou en discussions où il s'agit de bien peser les intérêts en jeu. Ce n'est plus qu'une question de réflexion et de jugement, et l'aveugle, s'il est intelligent, peut s'en tirer aussi bien qu'un autre. Quant aux moyens matériels, ajoute-t-il, ils consistent essentiellement en une machine à écrire et une machine à lire, cette dernière étant humaine et par suite assez délicate, sujette à des pannes, dont les conséquences pourraient être graves. Il faut donc en surveiller avec soin le fonctionnement et la bien choisir. Ces conditions étant remplies, l'aveugle pourra, tout comme un autre, prendre les décisions nécessaires, rédiger une publicité, étudier les clauses d'un contrat, mettre sur pied un rapport ou un bilan, tirer de ce dernier d'utiles indications, etc. Il est préférable, ainsi que nous avons eu déjà l'occasion de le faire remarquer, que la partie industrielle soit aussi réduite que possible, car, sauf dans quelques rares cas, elle échappera à celui qui ne voit pas, surtout dans ses détails.

Le commerce de choix sera donc le commerce d'argent. Cela est incontestable ; des faits le prouvent. Nous connaissons des banquiers aveugles en Amérique et même en France. Des représentants de commerce et qui ont repris récemment l'exercice de leur profession se montrent satisfaits de leur activité. Dans le même ordre d'idées, nous croyons que les assurances peuvent offrir aux aveugles intelligents et instruits sur les questions spéciales — le fret par exemple en ce qui concerne les assurances maritimes — un large champ d'activité si toutefois ils possèdent, outre la documentation technique indispensable, un cercle assez étendu de bonnes relations. A l'heure même où nous écrivons ces lignes, des initiatives de cette espèce sont prises par plusieurs officiers ou soldats aveugles guidés dans cette voie avec fermeté et compétence par M. Oscar Bloch, professeur à l'Ecole des hautes études commerciales.

6° *Autres professions.* — Nous plaçons sous cette rubrique toutes les professions que des aveugles exercent ou peuvent exercer, professions qui n'ont pas fixé notre attention ou sur lesquelles nous n'avons pas cru devoir insister, cela pour montrer que la liste que nous avons établie n'est ni définitive ni complète. Nous connaissons de très nombreux cas particuliers, des ingénieurs, des interprètes, des médecins, des sculpteurs, des hommes d'État et même des poètes, tous aveugles. Mais ce qu'il est essentiel de comprendre, c'est qu'il s'agit là moins de cécité que d'intelligence, d'adresse, d'énergie, en un mot de conditions de fortune et de famille vraiment propices.

La situation des aveugles travailleurs.

Nous avons examiné brièvement au cours de l'exposé qui précède, avec les avantages et les inconvénients de chaque profession, les services qu'elle rend ou pourrait rendre à ceux qui l'exercent. Nous ne reviendrons pas sur ces points, mais, nous appuyant sur les déductions faites, soit dans les considérations générales du début du chapitre, soit au fur et à mesure des développements, nous concluons, qu'en général, la situation des aveugles travailleurs est mauvaise. Nous estimons que, si elle est mauvaise, ce n'est pas parce qu'elle ne peut être meilleure, mais c'est d'abord dû à l'inobservation de principes essentiels d'éducation et de rééducation des aveugles ; ensuite, à l'inorganisation du patronage postscolaire nécessaire.

Nous avons déjà énuméré plusieurs des conditions grâce auxquelles seulement, aussi bien dans le choix de la profession que dans son exercice, les travailleurs qui nous intéressent peuvent obtenir de bons résultats. Nous allons maintenant préciser la fonction des écoles d'éducation et de rééducation.

*Quelques principes essentiels d'éducation et de réé-
ducation.* — L'éducation et la rééducation des aveugles
doivent être rationnelles, c'est-à-dire correspondre au
but à atteindre. Ce but est simple. Il consiste à mettre
les élèves, dans le temps le plus court possible, en état
de gagner leur vie ou de compléter les ressources dont
ils peuvent disposer. Le programme de l'enseignement
professionnel des écoles doit être « essentiellement »
pratique. Sa base sera constituée par l'apprentissage
des métiers qui ont fait leurs preuves. Cependant,
d'autres professions pourront être enseignées. Il doit
être en effet souple, c'est-à-dire susceptible de toutes les
modifications reconnues nécessaires. Lorsque l'« expérience » ou « l'enquête minutieuse » aura démontré
qu'une profession nouvelle présente les caractères de la
profession d'aveugle, le devoir des éducateurs et rééducateurs consistera à se mettre en mesure de l'enseigner.
Mais si un individu peut, grâce à des facultés exceptionnelles, arriver à un résultat remarquable, il serait dangereux, et en tout cas téméraire de conclure que tous
sont capables de suivre son exemple et d'aboutir au
même résultat remarquable. Quant à la méthode à employer, elle devra être fondée sur cette idée « unique »
que de l'apprentissage des aveugles dépend leur avenir.
La tâche du personnel des écoles est délicate. Son action
doit toujours être provoquée par deux forces : l'intérêt
des enfants et des adultes qui lui sont confiés, et le
progrès. Sa responsabilité et son initiative — celles

surtout des directeurs — sont grandes. Ces derniers doivent guider les élèves dans le choix de leur profession, leur en indique r les avantages et les inconvénients.

Ils doivent sonder les aptitudes et tenir compte des possibilités matérielles. Ils ne doivent pas leur conseiller d'adopter une profession d'apprentissage facile, mais de production nulle, ou tout au moins très discutée. Il faut qu'ils envisagent sérieusement le parti qu'on peut en tirer, selon les conditions dans lesquelles elle sera exercée, la catégorie sociale, la famille à laquelle le sujet appartient, la région qu'il habite. En résumé, le but à poursuivre est utilitaire, l'école d'éducation ou de rééducation devant s'efforcer à ce que les élèves reçoivent la meilleure préparation possible au genre de vie qu'ils mèneront plus tard, en un mot pour qu'ils puissent vraiment tirer parti de ce qu'il ont appris.

L'outillage. — Les écoles doivent être dotées des moyens les plus perfectionnés, susceptibles de permettre un apprentissage rationnel. Un fait regrettable et dont nous signalons l'importance, c'est la pauvreté du matériel dont disposent la plupart des établissements.

Patronage. — Sortis de l'école d'éducation ou de rééducation, munis même du métier le plus lucratif, que deviendraient les travailleurs aveugles s'ils n'étaient aidés et soutenus ? Isolés, perdus dans quelque grande ville ou retirés dans un petit village, ils attendraient vainement les commandes. Et même seraient-ils assez heureux pour se faire promptement une clientèle, ils n'auraient pas toujours les matières premières ou l'outillage indispensables ou les obtiendraient dans des conditions nettement désavantageuses. Telle est, en vérité, la situation. Les aveugles si bien armés qu'ils soient, c'est-à-dire possédant bien leur métier, végètent ou restent oisifs, se désespèrent, prennent parfois l'effrayante détermination de ne plus travailler, de vivre aux dépens de la société organisée ou du public, parce que leur tâche est trop pénible et qu'ils se sentent trop seuls pour lutter. Il ne faut pas compter sur la pitié de gens qui ne comprennent pas. Il convient d'assurer aux aveugles laborieux une clientèle, les moyens nécessaires à l'exercice de leur profession. Ce rôle tutélaire appartient soit aux écoles, soit à des sociétés dites de patronage, spécialement constituées auprès des écoles. Il faut imiter l'admirable exemple que donne la « société de placement des anciens élèves de l'Institution nationale » que préside M. Albert Mahaut qui est non seulement un artiste remarquable, mais encore un homme de cœur, d'un dévouement rare et d'une féconde activité. Les résultats obtenus par cette société sont si intéressants que nous exprimons le vœu de la voir s'étendre ou de voir se constituer des groupements analogues. Le patronage, bien compris, consiste à aider matériellement en même temps qu'à soutenir moralement. Il est l'une des conditions essentielles du succès des aveugles dans la vie.

CHAPITRE VI

LA SITUATION JURIDIQUE DES AVEUGLES

I. — La capacité légale des aveugles.

Les aveugles possèdent, sous la législation actuelle, les mêmes droits civils, civiques et politiques que les clairvoyants.

Cette pleine capacité n'a pas été expressément formulée par la loi, mais le principe en est admis depuis la Révolution.

En certains pays, les aveugles sont encore considérés comme « mineurs ». C'est notamment ce qui se produit en Italie où, soit dans leur propre intérêt, soit dans l'intérêt des tiers, ils sont soumis à une véritable tutelle. Nous avions l'intention de faire une étude comparée de la situation des aveugles dans les diverses législations actuelles. Mais le retard apporté à la publication de documents importants et que nous ne saurions négliger nous a empêché de réaliser ce projet (1).

(1) *La situazione giuridica diei ciechi in Italia*, par Loffredo, encore sous presse. Consulter aussi *Zur rechtlichen Stellung des Blinden (mit besonderer Berücksichtigung schweizerischer Verhältnisse)*, von Emil Spahr von Myszachen. Bern-Buchdruckrei J.Ficscher-Lehmann, 1917. D* Bertha Vogel, *Die privat rechtliche Stellung der Taubstummen und Blinden (Zürcher)*, Diss. 1912.

A Rome, sans être « mineurs », les individus atteints de cécité faisaient l'objet de mesures spéciales inspirées tant par la protection due aux êtres mal armés pour se défendre que le respect des règles formalistes (testaments, barreau, magistrature).

Dans notre ancien droit, coutumes, ordonnances royales et jurisprudence des Parlements ne reconnaissaient pas aux aveugles, pour les mêmes raisons, les droits des voyants et, sauf exceptions tirées de cas particuliers, les mettaient dans un état d'infériorité légale. Ils étaient en conséquence soumis à une tutelle dont ils ne pouvaient s'affranchir. Nous aurons, au cours de l'exposé qui va suivre, occasion de faire allusion à ces règles ou même d'en citer quelques-unes.

La capacité légale des aveugles dans le droit actuel. — Aux termes de l'article 1123 du Code civil, « toute personne peut contracter si elle n'en est pas déclarée incapable par la loi ». Or, d'après l'article 1124, les incapables de contracter sont : les mineurs, les interdits, les femmes mariées dans les cas exprimés par la loi, et généralement tous ceux à qui la loi a interdit certains contrats. Ces derniers sont spécialement et individuellement désignés. Ainsi le tuteur ne peut acheter les biens de son pupille, ni les prendre à ferme ; les médecins ou ministres du culte ne peuvent recevoir de legs de ceux qu'ils ont assistés dans leur dernière maladie, les époux ne peuvent se consentir de rentes l'un à l'autre. De même les personnes morales (communes, établissements publics) placées sous la tutelle de l'administration supérieure, ne peuvent s'engager que si elles sont autorisées à le faire suivant les formes déterminées par la loi. Diverses prohibitions sont relatives aux mandataires, aux administrateurs, aux juges, organes du ministère public, aux greffiers, huissiers, avoués, avocats et notaires (1). Nulle part, ainsi que le dit M. Vacher, dans aucun texte de loi il n'est posé que l'aveugle sera considéré comme mineur.

Les décisions jurisprudentielles du début du xix⁰ siècle furent souvent imprégnées des réticences et des préjugés datant de l'ancien droit. Il y eut alors un flottement assez compréhensible, flottement caractéristique des périodes intermédiaires. Mais elles devinrent de plus en plus larges et équitables, en un mot de plus en plus « juridiques ».

Tandis que la jurisprudence hésitait à se fixer, la doctrine prenait position et souvent interprétait largement le Code. Les savants professeurs Tollier et Duranton notamment, et l'éminent magistrat Troplong (nous citerons bien d'autres noms en examinant les points particuliers) se prononcèrent en faveur de la pleine capacité des aveugles. Larombière, dans son *Traité des obligations*, s'exprime ainsi :

« L'aveugle n'est pas pour cela incapable, car l'incapacité ne tient pas à un vice d'organes, mais à un défaut

(1) Voir dans le « Valentin Haüy », année 1885, Albert Vacher, *La capacité légale des aveugles en France.*

d'intelligence. Il pourra donc valablement contracter, pourvu qu'il n'ait pas été empêché par le sens qui lui manque de comprendre ce qu'il fait. La cécité ne constitue aucune incapacité et ne fait obstacle qu'aux contrats et actes dont la formation exige précisément la mise en action du sens dont elle suppose la privation. »

A notre avis (et c'est l'opinion du juriste éminent que nous venons de citer), la question est de savoir si la capacité intellectuelle d'un aveugle et sa capacité physique sont « oui » ou « non » diminuées et si, en admettant qu'il puisse avoir une vie juridique, cette possibilité offre des dangers, soit pour lui-même, soit pour les tiers.

La cécité laisse intactes les facultés intellectuelles de l'individu qu'elle a frappé. Certes, tous les aveugles ne sont pas sains d'esprit. Ils sont alors sous l'influence de tares diverses. Mais ces infériorités ne sont pas issues de l'état de cécité. Ces aveugles tarés, mi-conscients ou idiots, sont dans la situation de clairvoyants également malades.

La capacité physique de l'aveugle est évidemment amoindrie. Cependant son état intellectuel étant normal, l'expérience prouve qu'il peut se livrer à des travaux qui sembleraient à première vue incompatibles avec son infirmité, et gouverner sa vie.

Si l'on admet que les aptitudes physiques et intellectuelles des aveugles leur permettent d'exercer leurs droits, n'y a-t-il pas, dans cette « possibilité », danger pour les personnes cocontractantes ou les tiers? Cette objection ne résiste pas à la réflexion. En effet, les parties cocontractantes procèdent avec un aveugle comme elles procéderaient avec quiconque aurait de bons yeux. Ce n'est pas parce qu'une partie ne voit pas que l'autre ne peut regarder. En vérité, si l'on peut douter de la capacité des aveugles à contracter par exemple, c'est qu'on craint qu'à la suite d'erreurs dues à leur infirmité ou de manœuvres dolosives, ils n'agissent pas dans leur intérêt ou l'intérêt de leurs ayants droit. Il est incontestable qu'ils peuvent être plus facilement que les clairvoyants victimes d'erreurs ou de fraudes. Mais admettre leur incapacité légale totale, ce serait d'abord porter préjudice à toute une catégorie intéressante d'individus qu'on empêcherait ainsi de se livrer aux occupations habituelles et qui parfois ne pourraient gagner leur vie. Ce serait ensuite une solution antijuridique.

Il faut conclure de ce qui précède qu'il serait aussi injuste de considérer les aveugles comme de perpétuels mineurs, qu'absurde de ne pas prévoir certaines atténuations à leurs droits ou plutôt certaines mesures ou restrictions destinées à les protéger. ·

En résumé, puisque c'est un principe nettement établi en droit français que les incapacités sont de droit étroit et qu'on ne peut les étendre par analogie, puisque nous sommes d'accord avec la doctrine et la jurisprudence (dans la majorité des cas) sur le point de savoir que les aveugles ne sont pas des mineurs, leurs facultés intellectuelles n'étant pas atteintes par la cécité, puisque seules des mesures protectrices de détail sont rendues nécessaires, il faut conclure que la capacité légale des aveugles est normale.

II. — De la validité des actes authentiques et sous seings privés passés par des aveugles.

Actes authentiques. — Les actes authentiques ne peuvent être passés régulièrement que par l'officier public (généralement un notaire) chargé de les recevoir. A cet égard, les aveugles sont donc dans la même situation que les clairvoyants et aucune difficulté ne peut surgir.

Actes sous seings privés. — Il faut, pour faire un acte sous seings privés, que l'aveugle connaisse l'écriture vulgaire (des clairvoyants). S'il ne peut s'en servir, il devra faire appel à l'officier public pour passer un acte authentique.

Si l'acte cependant n'est pas écrit de la main de celui qui le souscrit, il faut au moins qu'outre sa signature, la personne qui s'oblige (billet-promesse par lequel une partie s'engage envers une autre à lui payer une certaine somme ou une chose appréciable) écrive un « bon pour approuver », portant en toutes lettres la somme ou la quantité de choses. Mais la loi fait une exception dans le cas où l'acte émane des négociants, marchands, artisans, laboureurs, gens de journée et de service.

Un aveugle peut en conséquence, s'il est majeur et s'il écrit en noir, régulièrement administrer ses biens, gérer sa fortune, faire du commerce. Il pourra par exemple signer un bail en qualité de locataire ou de propriétaire.

Validité des actes sous seings privés signés, mais non entièrement écrits par un aveugle. — Nous avons admis jusqu'ici que l'aveugle pouvait valablement, sans l'écrire entièrement, signer un acte sous seings privés. Ce droit qui nous paraît incontestable peut pourtant lui être refusé parce que, peut-on dire, il ne pourrait, ne voyant pas, s'assurer du contenu de l'acte et en vérifier les termes. Nous ne discutons pas le danger que peut présenter pour « qui » a les yeux fermés le fait de souscrire un acte qui, quoique dicté et lu à haute voix, aura pu être modifié dans un sens défavorable à l'intéressé. Mais nous estimons qu'il ne saurait être question de nier sa validité. En effet :

1° La lecture de l'acte, écrit par la main d'un tiers et signé par l'aveugle, n'est pas une condition « essentielle à sa validité » ;

2° Raison pratique : si on reconnaît qu'un aveugle peut administrer sa fortune (et c'est l'opinion de la majorité de la doctrine et de la jurisprudence), on ne peut raisonnablement le soumettre à l'obligation de faire sans cesse appel au ministère d'un notaire pour des actes passés tous les jours, de simples quittances par exemple. Ce serait, ainsi que le dit M. Vacher, lui enlever d'une main ce qu'on lui a donné de l'autre ;

3° Si l'on admet l'usage du « blanc-seing », c'est-à-dire un papier signé d'avance et remis à une personne de confiance, chargée d'y placer des stipulations convenues, pourquoi ne reconnaîtrait-on pas à l'aveugle le droit de signer un acte dont il n'ignore pas le contenu sans qu'il en ait fait lui-même la lecture ? « Lorsque l'acte (le blanc-seing) ainsi signé d'avance, dit M Larombière, a été rempli, par le tiers auquel il a été remis en blanc, des conventions à la rédaction desquelles il était destiné, il a, envers le signataire, la même foi que s'il n'avait été signé qu'après sa rédaction complète et définitive ; sans préjudice et sauf preuve des cas de dol et de fraude, si le blanc-seing a été rempli par abus de la signature ». Mais quant au tiers qui a contracté de bonne foi, au vu de l'acte dont le blanc-seing a été rempli, « ses droits doivent être maintenus à l'égard du signataire, nonobstant l'abus prouvé du blanc-seing de la part du tiers à qui il avait été confié » (1). Cela étant acquis, il est incontestable que si le droit autorise l'aveugle à se servir du blanc-seing, la prudence doit l'en défendre, car si ce « moyen » est dangereux pour le clairvoyant, il l'est bien plus encore pour lui.

Il est enfin entendu que s'il y a fraude, l'acte sous seing privé, signé par l'aveugle, est nul, ce qui est le droit commun.

(1) Voir Vacher, *De la capacité légale des aveugles en France*. Valentin Haüg, 1885.

La jurisprudence et la validité des actes sous seings privés passés par des aveugles. — Au début du siècle dernier, et conformément à ce que nous disions dans la section première de ce chapitre, les tribunaux refusèrent assez souvent aux aveugles la faculté d'administrer leurs biens. C'est ainsi qu'un arrêt de la Cour de Pau du 8 août 1808 a jugé qu'une quittance sous seings privés donnée par un aveugle n'était pas valable. Mais il y a eu évolution et après l'inévitable flottement du droit qui s'établit, la Cour de Riom a décidé, le 12 février ou juin 1879, qu'une personne atteinte de cécité n'était pas incapable de contracter si elle avait la jouissance de ses facultés intellectuelles et était en mesure, malgré son infirmité, de manifester « clairement » sa volonté. Spécialement elle peut recevoir un paiement et en donner quittance alors qu'elle est en état de se rendre un compte exact des sommes qui lui sont remises et de tracer avec une netteté suffisante, non seulement sa signature, mais aussi les caractères d'une énonciation de quelque étendue.

En l'espèce, le débiteur de la personne aveugle ne fut pas fondé à se prévaloir de la prétendue incapacité, issue de l'infirmité, pour exiger la délivrance d'une quittance authentique de cette personne.

III. — L'aveugle et les testaments.

Puisqu'il existe trois formes de testaments et que pour chacune d'elles des explications particulières sont

nécessaires, nous diviserons cette section en trois sous-
sections.

1° Le testament authentique et l'aveugle.

*Conditions que doit remplir un testament authenti-
que.* — Il faut pour qu'un testament authentique ou
public soit valable :

1° Qu'il soit reçu par deux notaires en présence de
deux témoins, ou par un notaire en présence de quatre
témoins. L'article 971 du Code civil ajoute :

2° Qu'il soit dicté par le testateur ;

3° Qu'il soit écrit par un notaire ;

4° Que lecture en soit faite au testateur devant les
témoins ;

5° Que mention expresse du « tout » soit faite.

Un aveugle peut-il faire un testament authentique ?
— Il est évident qu'étant en même temps atteint de
cécité et de surdité un individu ne peut pas se servir de
ce mode de tester, puisqu'il ne peut entendre la lecture
de l'acte faite par le notaire. Mais s'il n'est qu'aveugle,
les formes relatives aux témoins et notaires étant
observées, et si les autres conditions sont remplies,
c'est-à-dire s'il a l'esprit sain, s'il parle (dictée du testament) et entend (lecture du testament), il est certain
qu'il peut valablement faire un testament authentique.
Cependant, en dépit de l'évidence de ce droit, des
contestations se sont produites et peuvent encore se
produire.

Objections à la validité du testament authentique fait par un aveugle. — Un sieur Ricardie, mort après vingt années de cécité, ayant manifesté ses dernières volontés en un testament authentique, Mme Fonteneau, sa parente éloignée, en contesta la validité. Le tribunal civil de Toulouse ne partagea pas cette façon de voir et valida le testament de M. Ricardie. La cour de Toulouse (13 avril 1886, S. 87.2.76) confirma ce jugement. La Cour de cassation (Chambre des requêtes) rejeta le 23 mai 1887 le pourvoi de Mme Fonteneau contre l'arrêt de la cour de Toulouse précité.

Il y a, dit le pourvoi, violation de l'article 971 du code civil et de l'article 7 de la loi du 20 avril 1810 en ce que d'une part, l'arrêt a admis la validité d'un testament public, signé par un aveugle, et que, d'autre part, le dit testament a été déclaré valable. bien qu'il ne mentionnât pas l'état de cécité du testateur, comme si, ajoute le pourvoi, la cécité, excluant la relation directe et consciente entre l'instrument et celui qui le signe, n'était pas aujourd'hui comme d'après les principes du droit romain et comme sous l'ancienne jurisprudence des parlements un de ces empêchements qui doivent au moins être mentionnés dans le testament, acte solennel, à peine de nullité. A l'appui du pourvoi on a dit : dans l'ancien droit français, l'article 7 de l'ordonnance royale de 1735 exigeait un témoin de plus pour la validité du testament de l'aveugle. Or les rédacteurs du code civil se sont constamment inspirés de l'ordonnance dont ils ont copié les articles 9 et 12, dans les articles 976 et 979 du code civil, l'article 20, dans l'article 970 et les articles 5 et 6, dans les articles 973 et 974. Il y a, certes, quelques innovations quant au nombre des témoins, et l'article 8 sur le testament de l'aveugle n'a pas été reproduit. Mais quelle est la portée de ce silence ? Le législateur, continuent les défenseurs de la thèse restrictive, n'a pas dit que l'aveugle pouvait tester ; mais il n'a pas dit non plus qu'il ne le pouvait pas. C'est une interdiction implicite. La condition physique de l'aveugle est en effet incompatible avec le contrôle personnel sans lequel l'acte authentique est privé de la garantie essentielle de son authenticité. L'aveugle ne peut s'assurer de l'identité du notaire et des témoins, ni vérifier si le papier qu'on lui lit est bien celui qui vient d'être écrit sous sa dictée. Tout se lie et se correspond dans l'œuvre testamentaire : le testateur, le notaire, les témoins en présence et « sous les yeux » les uns des autres. On ne concevrait pas qu'un témoin fût aveugle, car il lui serait impossible de faire une des constatations que lui impose sa mission. Alors, comment concevrait-on que le testateur fût aveugle, lui dont le rôle est autrement personnel et important. Subsidiairement, a-t-on ajouté, l'aveugle ne peut pas « signer » son testament en forme authentique ; ou, s'il le signe, il doit être fait mention de sa cécité.

Résumé des objections à la validité du testament authentique fait par un aveugle. — Il y a lieu de ramenor, en somme, les objections à la validité d'un testament authentique, fait par un aveugle, aux suivantes :

1° Violation de l'article 973 du Code civil et de l'article 7 de la loi du 20 avril 1810, étant donné que les restrictions du droit romain et de la jurisprudence des parlements, sous l'ancien droit, n'ont pas été abrogées et que le silence de la loi porte à conclure à leur existence implicite.

2° L'aveugle ne peut signer un acte authentique.

Réponse aux objections à la validité du testament authentique fait par un aveugle. — 1° Violation de l'article 973 du Code civil et de l'article 7 de la loi du 20 avril 1820, étant donné que les restrictions du droit romain et de la jurisprudence des parlements n'ont pas été abrogées. — Il est certain que le Code civil formule des exigences qui constituent un faisceau suffisant de sérieuses garanties. S'il est répondu comme il convient aux conditions prescrites, il n'y a pas lieu de faire une exception pour quelque catégorie d'individus que ce soit. Or l'aveugle peut tester en la forme authentique, puisque, ainsi que nous l'avons montré, il est susceptible de satisfaire à toutes les conditions énoncées dans le Code civil. Mais, en admettant que cette raison ne suffise pas, et pour répondre nettement aux précédentes objections, on peut dire que « rien » dans les travaux préparatoires du Code civil ne porte à penser que le législateur ait entendu refuser à l'aveugle la faculté de tester par acte public. Nous savons qu'à Rome, à l'époque classique, les aveugles ne pouvaient tester que sous forme orale et que Justin leur permit la forme écrite à la condition que leur testament fut écrit, ou lu à haute voix, en présence des sept témoins réglementaires, soit par un tabularius (archiviste de la cité), soit par un huitième témoin à défaut d'archiviste. Que la jurisprudence des parlements et beaucoup d'auteurs de l'ancien droit aient admis des mesures restrictives au point de vue de la liberté testamentaire de l'aveugle, que les rédacteurs du Code civil se soient inspirés de l'ordonnance de 1735 dont ils ont appliqué les articles 5, 6, 9, 12 et 20 dans divers articles du Code, cela est incontestable. Il n'en résulte pas moins que les dispositions de l'article 7 de la dite ordonnance, d'après lesquelles le testament d'un aveugle n'est valable que grâce à la présence d'un témoin supplémentaire, n'ont pas été introduites dans notre législation. Il est certain, connaissant les idées directrices des travaux des auteurs du Code, que si l'adjonction d'un témoin de plus n'a pas été exigée, cette dérogation à l'article 7 de l'ordonnance de 1735 a été « volontaire ». De plus, il ne peut y avoir de doute sur le fond du droit, en vertu du principe fondamental dans notre droit moderne que « les incapacités sont de droit étroit ». Autrement dit, le législateur n'a pas exigé des conditions autres pour les aveugles que pour les clairvoyants. S'ils les remplissent, ils ont les mêmes droits, facultés et prérogatives.

Le pourvoi en cassation arguait de ce qu'un aveugle

ne pouvant être témoin dans un acte authentique, le testateur, à plus forte raison, ne pouvait être aveugle, lui dont le rôle est autrement personnel et important. Mais avec la Cour de Toulouse nous estimons qu'il n'y a pas contradiction à refuser à l'aveugle la capacité d'être témoin dans un acte authentique et à lui permettre de tester en cette forme. En effet, dit la note placée sous l'arrêt de Toulouse, cela tient à ce que le rôle assigné au témoin qui est appelé à assister à la confection d'un testament authentique lui impose une vigilance, une « attention » à tous les détails de l'acte qui se rédige devant lui, que l'on ne saurait réclamer du testateur souvent malade ou infirme et qu'il serait d'ailleurs superflu d'exiger de lui. Que le testateur puisse dicter ses dernières volontés au notaire, qu'il puisse entendre lecture du testament écrit sous sa dictée et signer — s'il est en état de le faire — la loi ne lui demande rien de plus. Les témoins instrumentaires, au contraire, doivent pouvoir certifier la sincérité et l'exactitude de tout ce qui s'est passé devant eux, reconnaître d'une façon certaine le testateur, le notaire et les autres témoins. Ils doivent pouvoir déclarer qu'ils ont vu écrire le testateur, qu'ils l'ont vu signer, et attester *de visu* l'accomplissement de toutes les formalités que comporte la rédaction du testament authentique. Il est donc indispensable que les témoins instrumentaires ne soient pas atteints de cécité (Voir en ce sens Rolland de Villar-

gues, *Répertoire du Notariat*, t. I, au mot *Aveugle* ;
Massé et Vergé sur Zachariäe, t.IV, p. 29, § 417, n° 11 ;
Laurent, *Principes de droit civil*, t. XIII, n° 168,
p. 172 ; Grenier, *Traité des donations et testaments*,
t. II, n° 281, p. 610.

2° *L'aveugle ne peut signer un acte authentique*. —
Deux questions se posent. La signature de l'aveugle
est-elle une signature au sens de la loi ? Ensuite, si oui,
le notaire doit-il mentionner l'état de cécité du disposant ? Examinons-les tour à tour et rapportons-nous
aux notes explicites placées sous les arrêts de la Cour
de Toulouse et de la Cour de cassation, relatifs à l'affaire Fonteneau contre Lapeyrade, ainsi que nous
l'avons fait jusqu'ici.

« Le pourvoi, écrit M. le conseiller Babinet, est
obligé d'aller jusqu'à soutenir que la signature de
l'aveugle n'est pas une signature au sens de la loi. Nous
ne pouvons partager sa défiance contre le notaire qui
aura dû indiquer au testateur aveugle l'endroit en blanc
où il peut signer. Cette indication ne diminue en rien la
liberté du testateur. Cette assistance de l'officier public,
investi de la confiance du législateur lui-même, et pro-
cédant en présence des témoins, est bien moins péril-
leuse que l'assistance du tiers anonyme que plusieurs
arrêts ont admis sans hésitation pour le testament olographe (S. 48.1.216). Est-ce que le notaire n'aurait
pas pu faire rédiger à son client aveugle un testament
olographe ? Lors donc que le testateur se déclare prêt

à signer, le notaire n'a pas qualité pour refuser cette signature « puisque le testament en la forme authentique doit être signé ». Cette question de la validité de la signature de l'aveugle est assez grave lorsqu'il s'agit d'actes sous seings privés. Mais elle ne saurait provoquer de difficultés lorsqu'il s'agit, comme en ce qui concerne le testament authentique, d'actes publics. Et même, si l'on décidait que la signature de l'aveugle apposée sur un acte sous seings privés était sans valeur ne serait-on pas obligé de conclure que celle des illettrés est également nulle ? Il faut se souvenir, dans les applications jurisprudentielles, que le but à poursuivre c'est non de spolier les aveugles, mais de les protéger.

Le notaire doit-il mentionner l'état de cécité du disposant ? L'arrêt de la Cour de cassation du 23 mai 1887 fait observer que d'une part la nécessité de cette mention ne peut s'induire d'une disposition de loi et d'autre part, du moment où il est admis que l'aveugle peut tester en la forme authentique et apposer sa signature sur le testament, il devient inutile de mentionner que la signature est de la main de l'aveugle, puisque cette circonstance n'est pas propre à infirmer la nature du testament.

2° Testament olographe fait par un aveugle.

Conditions de validité du testament olographe. — Pour être valable le testament olographe doit être écrit en entier, daté et signé de la main du testateur (article 970 du Code civil).

Un aveugle peut-il faire un testament olographe?
— S'il sait écrire, un aveugle peut valablement faire un
testament olographe, ce dernier n'étant soumis qu'aux
conditions ci-dessus indiquées. Il le peut, même s'il
est sourd, n'ayant pas comme pour le testament public
à entendre lecture de l'acte faite par le notaire qui l'a
rédigé.

*Objections à la validité du testament olographe fait
par un aveugle.* — Il semble que les conditions de
validité du testament olographe étant remplies, un testament fait sous cette forme par un aveugle est inatta-
quable. Grenier cependant hésite à le penser. « La prudence, dit-il, conseille à l'aveugle de tester par acte
authentique. » Evidemment, mais avec Laurent (*Principes de droit civil,* p. 171, n° 168) nous estimons que
la prudence n'est pas le droit (Grenier et Bayle-Mouillard, t. V, p. 610, n° 281).

Pour Grenier (t. II, n° 280), l'aveugle ne peut faire
un testament olographe, parce qu'ayant le plus souvent
besoin de l'assistance d'un tiers pour écrire, des dou-
tes légitimes pourraient s'élever sur la validité d'un
testament fait dans de telles circonstances. Avec sagesse M. Laurent répond à cette argumentation que la
question n'est pas de savoir si l'aveugle aura, en des
conditions données, la possibilité matérielle d'écrire
son testament, mais bien si l'aveugle est frappé d'une
« incapacité légale » de tester en la forme olographe.
D'ailleurs la doctrine est à peu près unanime à déclarer

2
3
4

que s'il remplit les conditions de l'article 970 du Code
civil, il peut choisir ce mode de disposer de sa fortune (1).
Mais, s'il n'y a pas d'incapacité légale relative au principe de la validité du testament olographe d'un aveugle,
n'y a-t-il pas pour ce dernier une incapacité de fait
d'écrire ? Il faut répondre qu'il s'agit là d'espèces. Un
aveugle peut apprendre à écrire en caractères vulgaires.
S'il savait écrire avant de perdre la vue, il pourra, à
l'aide d'un guide-main (2), écrire lisiblement et même
conserver une personnalité à son écriture.

Jurisprudence. — M. Bergier, annotateur de Ricard,
cite un arrêt de 1770 qui a rejeté la demande en nullité
d'un testament olographe fait par la dame de Pressigny,
en état de cécité. Depuis, les tribunaux ont formellement reconnu aux aveugles le droit de faire un testament olographe (*Ch. des req.*, 23 mai 1887 ; Nancy,
15 avril 1846 ; Cass., 28 juin 1847, etc...). En conséquence, il ne peut y avoir de difficultés que pour la vé-
rification de l'écriture, si elle est contestée (Vazeilles,
t. V, p. 497).

La Cour de Nancy a validé un testament olographe,
écrit par une jeune aveugle, bien qu'il fût constaté

____

(1) Duranton, t. IX, n° 137, p. 158-159 ; Massé et Vergé sur Zachariäe, t. V, § 417, n° 11 ; Aubry et Rau, t. VII, p. 92, § 662-663 et
note 3 ; Troplong, *Des donations et testaments*, t. I, n° 540 ; Demolombe, *Traité des donations et testaments*, t. IV, n° 71 *ter*.

(2) Il existe un grand nombre de guide-main. Les deux plus employés actuellement sont le guide-main Wagner et le guide-main
Reuilly.

Melen qui, avant la guerre, plaidait avec succès à Verviers et à Bruxelles.

La loi ne s'oppose pas non plus à ce qu'un aveugle soit agent de change, avoué, courtier maritime, avocat à la Cour de cassation. Seules, en effet, les considérations d'ordre pratique pourraient nous faire hésiter. Or, s'il est évident que les professions d'huissier et de greffier lui sont fermées, la vue, constituant l'une des aptitudes « essentielles » de ces auxiliaires de la justice, il est incontestable que, si comme nous l'avons étudié un aveugle peut être banquier (1), il peut aussi exercer les professions d'agent de change, de courtier maritime. L'important est qu'il satisfasse aux exigences de la loi et réponde aux conditions établies par l'usage (2).

L'aveugle peut être « fonctionnaire ». Rien, écrit M. Albert Vacher, ne s'oppose à ce qu'il appartienne à l'administration et l'on pourrait même ajouter, à cet égard, que plus les fonctions seraient d'un ordre élevé, plus précieux serait le concours de ses facultés intellectuelles. En conséquence, un aveugle pourrait être conseiller d'Etat ou Ministre.

Conclusion. — Avec M. Vacher, dont nous avons souvent cité l'opinion, au cours de ce rapide examen de la situation juridique des aveugles, nous pensons

(1) Se reporter page 137.
(2) Lire dans Cuche (*Petit traité de procédure civile et commerciale*, Dalloz, 1911) les conditions à remplir pour exercer les professions d'agent de change, avoué, avocat à la Cour de cassation, huissier, courtier maritime, commissaire-priseur, greffier.

que la cécité, ne formant pas un obstacle insurmontable à la manifestation du consentement, dans le droit français, ne saurait être, en général, considérée comme une cause d'incapacité de contracter. Toutefois la cécité peut faire admettre plus facilement une action en nullité pour cause d'erreur ou de dol et rendre difficile l'admission de la preuve littérale, résultant d'actes sous seings privés.

Avec la doctrine, la jurisprudence deviendra de plus en plus large à l'égard des aveugles, consacrant leurs droits, les protégeant, visant à les placer au même rang que les voyants. Sans doute, il est des cas où l'interprétation de leurs droits est du domaine contingent. Mais les principes fondamentaux du droit français actuel établissent que la capacité légale de l'aveugle n'est limitée que par l' « impossibilité » où il risque de se trouver matériellement d'exercer ses droits.

BIBLIOGRAPHIE

Armitage. — The Education and Employment of the blind. Londres, 1886.

Aubry et Rau. — Cours de droit français, t. 7.

Barazer (Commandant). — A propos du sens du toucher. Conseils aux personnes qui perdent la vue. In-8°. Dunod, Paris, 1887.

Bayle-Mouillard. — Traité des donations et testaments, t. 2.

Bellot (André). — L'âme du poète aveugle sourd. Nîmes.

Bloch (Marcel). — Nos soldats aveugles. *Mercure de France*, septembre 1916.

Boyer. — La cécité en France. Paris, Masson et Cie, 1909.

Brieux (Eugène). — Nos soldats aveugles. Paris, Delagrave, 1915.

Coin-Delisle. — Commentaire du titre des donations et des testaments.

— Conférence Interalliée. Rapports. Paris, Imprimerie Chaix, 1917.

Colletet. — Les aveugles. Paris, 1878.

Constançon (M.). — Dans le monde des aveugles. Lausanne, 1907.

Couillard. — De l'enseignement donné aux aveugles par les maîtres aveugles.

Curtil (D^r). — Les aveugles. Lyon, Georg, 1913.

Dalloz. — *Répertoire de jurisprudence.*

Déjault (D^r). — Etat actuel de l'éducation et de l'instruction des aveugles. Thèse Bordeaux, 1911.

Demolombe. — Traité des donations et testaments.

Descaves (L.). — Les Emmurés. Roman, Storck, 1895.

Diderot. — Lettre sur les aveugles, 1749.

Dreux (A.). — Nos soldats aveugles. Paris, 1915.

Durenton. — Cours de droit français, t. 9.

Eloi. — Responsabilité des notaires, t. 1.

Extrait (Mlle). — Les écoles régionales pour l'instruction primaire et l'éducation des jeunes aveugles.

Freyssinier. — Moyens à employer pour l'éducation du toucher et l'ouïe chez l'aveugle. Croisade contre la cécité. Les aveugles en France. Congrès de 1910.

— Le Congrès des Typhlophiles. *Revue philanthropique*, 1910.

Grenier. — Traité des donations et testaments, t. 2.

Guadet. — De la condition des aveugles en France. Association Valentin Haüy.

Guilbau (Edgard). — Histoire de l'aveugle. Paris, 1888.

— Chants et légendes de l'aveugle. Paris, Boulanger, 1891.

— Histoire de l'Institution nationale des Jeunes Aveugles. Paris, Belin frères, 1907.

Hanks-Lévy. — Blindiness and the Blind. Londres, 1872.

Haüy (V.). — Essai sur l'éducation des aveugles.

Holt (Miss W.). — La carrière d'un aveugle. Paris, Armand Colin, 1916.

Hureaux. — Traité pratique des testaments.

Icard (Renaud). — Eclaircissements sur les aveugles. Paris, Stork, 1916.

James (W.). — Principes of psychology (Cas de M. Hanks Lévy).

Javal (Dr). — Entre aveugles. Conseils aux personnes qui viennent de perdre la vue. Paris, 1903.

— Physiologie de la lecture et de l'écriture.

Kunz. — Du tact à distance.

Laurent. — Principes de droit civil, t. 13.

Léon (Albert). — Conférence, Bordeaux, 1909.

Lofredo. — La situazione giuridica dici ciechi in Italia.

Martha (Dr). — L'ouïe chez les aveugles. *Le V. Haüy*, mars 1911.

Martres (Dr). — La cécité dans la région de Montpellier. Thèse de Montpellier, 1893.

Massé et Vergé (Sur Zachariae). — Droit civil, t. 4 et 5.

Mirman. — La loi du 14 juillet 1905 et l'assistance aux aveugles Paris, 1910.

— *Revue philanthropique* du 15 février 1910.

Perrantau. — La cécité congénitale sans lésion. Thèse 1879.

Poujol. — Traité des donations et testaments.

Prévost (Marcel). — L'accordeur aveugle.

Protopopoff (Dr). — La cécité en Russie. Thèse de Paris, 1895.

Publications spéciales.

Journal des blessés aux yeux. Paris, 1916-1917.
Journal des soldats aveugles.
Le Louis Braille.
Le Valentin Haüy.

Rolland de Villargues. — *Dictionnaire du Notariat.*

Saintespès-Lescaut. — Des donations et testaments, t. 4.

Sirey. — *Répertoire de jurisprudence.*

Sizeranne (Maurice). — Les aveugles par un aveugle. Paris, Hachette, 1904.

— Impressions et souvenirs d'aveugle.

— Les sœurs aveugles. La psychologie de la femme aveugle et la communauté des sœurs aveugles de Saint-Paul. Paris, Lecoffre).

— Trente ans d'étude et de propagande en faveur des aveugles.

— Les aveugles utiles, ouvriers, accordeurs, professeurs, organistes.

— La question des aveugles en 1910.

Spahr (Emmanuel). — Zür rechtlichen Stellung des Blinden. Berne, Fischer-Lehmann, 1917.

Troplong. — Des donations et testaments, t. 3.

Trousseau et Truc. — Rapport sur la cécité et les aveugles en France. Paris, Steinheil, 1902.

Truc. — Nos soldats aveugles. Montpellier, 1916-1917.

Vallotton (Benjamin). — Fonds suisse Romand en faveur des soldats aveugles en France. Lausanne, 1916.

Vassal (D^r). — Causes de la cécité. Thèse Bordeaux, 1895.

Vaughan (Ernest). — La rééducation professionnelle des soldats aveugles (Conseils pratiques). Paris, 1915.

Vazeilles. — Successions, donations et testaments, t. 2.

Villey (Pierre). — Le monde des aveugles. Paris, Flammarion, 1914.

TABLE DES MATIÈRES

Imp. J. Thevenot, Saint-Dizier (Haute-Marne).